山西财经大学资源型经济转型协同创新中心专项建设经费；山西省哲学社会科学规划项目（2018B084）；山西财经大学青年科研基金项目（QN-2018008）

资源型经济转型研究文库

RESEARCH LIBRARY FOR TRANSITION
OF RESOURCE-BASED ECONOMICS

不同类型城市的
建设用地利用效率研究

聂 雷◎著

中国社会科学出版社

图书在版编目(CIP)数据

不同类型城市的建设用地利用效率研究 / 聂雷著 . —北京：中国社会科学
出版社，2019.9
ISBN 978-7-5203-5082-2

Ⅰ.①不… Ⅱ.①聂… Ⅲ.①城市土地-土地利用-研究 Ⅳ.①F293.22

中国版本图书馆 CIP 数据核字(2019) 第 204004 号

出 版 人	赵剑英
责任编辑	谢欣露
责任校对	周晓东
责任印制	王　超

出　　版	中国社会科学出版社
社　　址	北京鼓楼西大街甲 158 号
邮　　编	100720
网　　址	http：//www.csspw.cn
发 行 部	010-84083685
门 市 部	010-84029450
经　　销	新华书店及其他书店

印刷装订	北京市十月印刷有限公司
版　　次	2019 年 9 月第 1 版
印　　次	2019 年 9 月第 1 次印刷

开　　本	710×1000　1/16
印　　张	10.5
字　　数	168 千字
定　　价	49.00 元

前　　言

　　土地是社会经济发展的载体。各国普遍把节约集约利用土地、提高土地利用效率作为可持续发展战略的重要组成部分。中央明确提出，要按照"严守底线、调整结构、深化改革"的思路，严控增量，盘活存量，优化结构，提升效率。城市建设用地资源稀缺已经成为约束城市社会与经济发展的重要"瓶颈"，而严格的耕地保护政策又限制了建设用地的外部供给。另外，不同类型城市在土地利用技术和水平上存在差异。因此，因地制宜地提高现有存量建设用地的利用效率才是不同类型城市的可持续发展之道。

　　首先，本书基于城市职能的差异性对城市类型进行了考察，在此基础上探讨了不同类型城市的建设用地利用特征；其次，在考虑城市类型存在差异性的情况下，利用 SBM 非期望产出模型和共同前沿模型，并将非期望性产出纳入上述建设用地利用效率评价模型之中，考察了共同前沿、群组前沿下不同类型城市的建设用地利用效率；再次，分析了城市建设用地利用效率的影响机理，完善了用地效率影响因素指标体系，构建了面板 Tobit 回归模型，利用 2003—2014 年的面板数据，分别从全部城市、不同类型城市两个层面实证检验了建设用地利用效率的影响因素；最后，基于建设用地利用效率的评价结果以及影响因素的实证分析，从全国一般性和不同类型城市两个维度探讨了差别化的建设用地利用效率提升路径。

　　实证研究结果表明：

　　（1）城市建设用地利用呈现出城市类型分异特征。总体而言，居住用地、公共设施用地、工业用地分别占建设用地总量的比例存在显著的城市类型分异特征，而其他几种地类占比差异不大。分地类来看，就居住用地占建设用地总量的比例而言，指标均值从高到低依次为资源型城市、其他类型城市、区域综合型城市和工业主导型城市；就公共设施用地占建设用地总量的比例而言，指标均值从高到低依次为区域综合型城市、其他类型城市、工业主导型城市和资源型城市；就工业用地占建设用地总量的比例而言，指标均值从高到低依次为工业主导型城市、区域综合型城市、其他类型城市和资源型城市。另外，从利用均衡度来看，从高到低依次为区域综合型城市、工业主导型城市、其他类型城市、资源型城市。据此，地方政府在制订土地利用年度计划与编制土地利用规划时，不能千篇一律，而应考虑城市自身的类型属性，制订差别化的城市建设用地利用年度计划与土地利用规划。

（2）不同类型城市之间的建设用地利用效率存在显著差异。在共同前沿下，2000—2010 年效率均值从高到低依次为区域综合型城市、工业主导型城市、其他类型城市和资源型城市；在群组前沿下，效率均值没有呈现明显的城市类型分异特征。比较共同前沿与群组前沿下不同类型城市的建设用地利用效率，其他类型城市与区域综合型城市相差较小，分别为 0.082 和 0.106，其次工业主导型城市，为 0.118，排在末位的是资源型城市，达到 0.267。共同前沿下的差异与群组前沿下的无分异，恰恰印证了本书从城市类型差异性视角下考察建设用地利用效率的必要性与合理性。

（3）将环境污染作为一种非期望性产出的情况下，建设用地利用效率普遍偏低。特别是资源型城市，效率均值不超过 0.6，说明在生态文明建设背景下，城市建设用地利用效率存在很大的改善空间。

（4）不同类型城市的职能不同，建设用地利用效率的影响机理存在差异。①就全国城市样本而言，提高公共设施用地占建设用地总量的比例及建设用地价格，能够提高建设用地利用效率；而工业用地占建设用地总量的比例、建设用地"招拍挂"出让面积占总出让面积的比例、经济发展水平与建设用地利用效率间的关系为正"U"形，说明这三种指标随着指标值的增大先降低了建设用地利用效率，当达到各自拐点后，能够提高建设用地利用效率。②针对资源型城市而言，降低工业用地占建设用地总量的比例、提高经济发展水平，能够提高建设用地利用效率。③针对工业主导型城市而言，降低公共设施用地占建设用地总量的比例及建设用地"招拍挂"出让面积占总出让面积的比例，能够提高建设用地利用效率，而提高经济发展水平能够提高建设用地利用效率。④针对区域综合型城市而言，下调居住用地、工业用地分别占建设用地总量的比例，能够提高建设用地利用效率，而建设用地"招拍挂"出让面积占总出让面积的比例与建设用地利用效率间的关系为倒"U"形，说明随着该指标值的增大先提高了建设用地利用效率，当达到拐点后，降低了建设用地利用效率，经济发展水平与建设用地利用效率间的关系为正向，说明该指标值的增大能够提高建设用地利用效率。⑤就其他类型城市而言，上调公共设施用地占建设用地总量的比例能够提高建设用地利用效率；而工业用地占建设用地总量的比例、经济发展水平与建设用地利用效率间的关系皆为正"U"形，说明这两种指标随着指标值的增大先降低了建设用地利用效率，当达到各自拐点后，能够提高建设用地利用效率。

（5）在改善城市土地管理工作时，不能简单"一刀切"，应考虑城市类型差异性，制订差别化的城市土地管理方案。基于本书的实证研究结果，依据城市职能对城市类型进行分类后，不同类型城市的建设用地利用特征、建设用地利用效率以及建设用地利用效率的影响因素都存在显著差异，如果城市在土地管理实践工作中，不考虑城市类型差异性，实施统一的城市土地管理政策，管理方案将会没有针对性，不能有效解决各类城市在土地利用过程中的实际问题。据此，地方政府应立足于城市自身的职能定位，参考与其类型属性相同的最优城市，制订具有可操作性的城市土地管理方案。

总而言之，本书围绕"界定效率内涵—选择测度方法—评析效率差别—探讨影响机理"的研究脉络，分别从全部城市、不同类型城市两个层面分析了建设用地利用效率及其演变规律，并进一步探讨了用地效率差异的成因及其作用机理，最后基于"差别化"原则提出了提升不同类型城市建设用地利用效率的对策与建议。

目　　录

第一章　绪论

第一节　研究背景与意义

一　研究背景

土地是社会经济发展的载体，是城市经济的重要根基。土地问题已经成为当今社会各界关注的热点和焦点，各国普遍把提高土地利用效率、节约集约利用土地作为可持续发展战略的重要组成部分。党的十八大报告中明确提出，"坚持走中国特色新型工业化、信息化、城镇化、农业现代化道路，推动信息化和工业化深度融合、工业化和城镇化良性互动、城镇化和农业现代化相互协调，促进工业化、信息化、城镇化、农业现代化同步发展"（新华社，2013）。党的十八届三中全会决定强调健全能源、水、土地节约集约使用制度；中央城镇化工作会议上对城镇建设节约集约利用土地问题做了重要阐述，明确提出，要按照"严守底线、调整结构、深化改革"的思路，严控增量，盘活存量，优化结构，提升效率。

土地是民生之本，发展之基。从农业生产角度而言，土地既是农业生产的基地又是农作物获取基本生长要素的源泉，是农作物发育生长不可缺少的养分、水分和热量的供应者和调节者（王万茂，2003）；从工业生产角度而言，土地仅仅是工业生产的基地。随着国民经济的快速发展，经济建设对国土资源特别是土地资源的需求日益增加。当前，我国城市经济在快速发展中，出现了一些新的问题，比如大量资本涌入房地产行业，造成一些中小城市以及偏远城市出现"鬼城"，资源利用效率不高，出现一些低水平的重复建设。在各地探索城市发展转型的背景下，新城新区的建设迎合了部分大城市地区提升城市竞争力和实施区域空间重构的现实需求，成为地方政府施政过程中的"尚方宝剑"。同时，在中央大力推进新型城镇化的政策背景下，地方政府也往往把新城新区建设作为城镇化的抓手和突破口。然而，在实际过程中，地方政府推进城镇化方式往往出现偏差，不少地区将城镇化曲解为大规模的城镇建设，盲目设立新城新区和各类产业园区，片面追求做大做强，非法占用耕地，出现了以城镇化为幌子的"圈地""造城"运动，背离了新型城镇化战略的初始目标。

根据城市发展的一般规律，城市发展不同阶段，城市面积扩张速度存在差异。在城市化初期，人口主要集中在农村地区，少量人口向城市地区集聚，城市人口稀疏，城市国土面积较小，城市对建设用地的需求较小；在城市化中期，由于城市集聚了大量的资源，公共服务设施水平较高，吸引了大量人口向城市地区转移，城市需要更大的空间来满足城市居民生产生活的需要，城市对建设用地的需求意愿强烈；在城市化后期，城市人口基本趋于稳定，城市化由"数量"增长向"质量"提升转移，城市空间也实现了由数量增长向质量提升的迁移（蒋南平、曾伟，2012）。然而，我国城市化水平正处于中期，城市人口大量集聚，导致城市建设用地需求与建设用地外部供给约束之间的矛盾，倒逼地方政府在城市建设用地利用方式上必须进行调整，由粗放利用型向节约集约利用型转变，从而满足当前及未来一段时期内城市发展对建设用地的需求。

诚然，随着城市化的快速推进，经济中心由农村转向城市，城市职能的定位逐步凸显出来，从而有利于城市之间错位发展，资源得到最优配置。城市在职能定位中集区域、产业、规模于一体，根据自身的城市职能定位，编制一系列城市发展规划、城市土地利用规划等，进而指导城市建设用地利用结构调整的方向。如当前的"京津冀一体化"、武汉与郑州作为国家中心城市的批复等，这些政策的实施，都将影响城市职能的定位，引起城市建设用地利用结构的调整，最终影响城市建设用地利用效率。

简言之，一方面，全国城市（地级市及其以上）建成区面积[①]从

---

① 数据来源于历年《中国城市统计年鉴》。

2000 年的 16221 平方千米扩张到 2013 年的 35633 平方千米，13 年扩张了 19412 平方千米，年均增长率 6.24%，城市规模扩张速度过快；另一方面，全球粮食市场供不应求，为了保证我国粮食的供给立足于国内（聂雷等，2015），保障基本农田的基本国策从未动摇，也不能动摇。因此，中央政府对各地区的建设用地指标控制比较严，迫使地方政府寻求改革出路，如上海市提出"总量锁定、增量递减、存量优化、流量增效、质量提高"的土地管理思路，稳定土地市场供应量，并以土地利用结构优化促进产业结构调整和城市职能完善（新华网，2014）。据此，在土地资源硬约束以及政策调控下，无节制扩大建设用地规模已不切实际，破解当前建设用地总量资源硬约束与建设用地刚性需求之间的矛盾，关键在于提高现有建设用地利用效率，盘活存量用地，走城市可持续发展之路。

二　研究意义

随着城市化、工业化进程的快速推进，节约集约利用建设用地是城市土地利用的必然趋势，提高城市建设用地利用效率，能够节约土地资源，提供更多的生产、生活以及生态用地，满足城市快速发展过程中对建设用地的刚性需求（曹林、韦晶磊，2012）。城市土地，不同于农村土地特别是耕地，农村土地的整治不仅包括数量挖潜还包括质量提升，从而达到提高土地产出的目标；而城市土地整治主要是数量深度挖潜以及空间结构布局的优化，从而达到提高建设用地利用效率的目标（杨杨，2014）。

城市土地利用变化不仅是经济增长的结果也是直接和间接的推动力（He et al.，2014）；只要城市持续健康发展，科学利用城市土地就是城市发展和城市规划不可回避的话题（董黎明，2001）。随着我国城市化快速发展，城市出现了一些新的发展问题，而这些问题几乎与建设用地利用息息相关。另外，2001—2009 年我国建设用地与经济增长一直处于弱"脱钩"的状态（刘琼等，2014）。从长远来看，提高城市土地利用效率有利于土地资源的节约，高效率地利用城市建设用地对提高城市化水平，保证城市化质量有巨大作用，此外，城市在不同的发展阶段，职能定位存在差异，对建设用地的需求同样存在差异。因此，在考虑城市类型差异性情况下考察建设用地利用效率具有理论意义和现实意义。

（1）理论意义。从城市类型差异性视角考察城市建设用地利用效率，能够为当前建设用地利用效率评价提供新的研究视角，在此基础上开展的实证研究更符合现实。

（2）现实意义。目前多数城市土地利用的集约度较低，不同城市群土地利用的集约水平在空间上存在显著差异。另外，经济发展水平、城市规模与城市土地利用集约水平呈现正相关趋势（王中亚等，2010），经济结构调整直接影响到用地规模和用地结构（张颖等，2007）。特别是在经济发展水平较高的长三角地区，耕地面积已经趋近红线，通过大规模扩张城市建设用地面积的粗放式经济发展模式已经不符合现实，提高城市现有存量土地的利用效率，探索城市内生经济增长路径，才是目前最符合实际的可持续发展策略。具体而言，有以下几点。

第一，从城市类型差异性视角展开建设用地利用效率评价，更能准确掌握当前建设用地利用水平。城市化快速发展时期，非农人口向城市地区大规模转移，产业和人口集聚，城市需要为新增人口提供居住、休闲、娱乐等服务，需要更多的土地作为建设支撑。为了实现城市现代化发展，必须提高城市建设用地利用效率。在城市化进程中，土地利用效率的高低是衡量城市化发展水平的一个重要因素（鲍新中等，2009），而依据不同城市职能，区分城市类型，从而分类评价建设用地利用效率，更符合实际，更能准确把握当前建设用地利用水平。

第二，从城市类型差异性视角考察建设用地利用效率，探讨提高建设用地利用效率的差别化路径，能够为实施差别化的城市建设用地管理方案提供现实依据。节约用地一直是我国城市建设和土地利用坚持的基本方针（王晓川，2003），由于城市建设用地的稀缺性，以及我国各区域之间本身就存在竞争性（王万茂，2013），提高建设用地利用效率是城市内涵式发展的必然趋势。建设用地利用效率的提高，能够抑制城市土地规模外延式扩张的趋势（屈宇宏等，2014），促进城市建设用地的节约集约利用。而在城市发展过程中，由于城市职能的不同，城市在土地利用过程中存在显著差异，因此，从城市类型差异性视角考察建设用地利用效率，并探讨影响建设用地利用效率的主要因素，从而提出具有针对性的建设用地利用效率提升路径，能够为实施差别化的建设用地管理方案提供依据。

第三，提高城市建设用地利用效率是满足城市经济发展中对建设用地刚性需求的可持续发展之道。城市是中国未来经济发展格局中最具活力和潜力的核心地区，是人口、资本、产业的高度集聚区。土地是城市空间的载体，不存在脱离土地的城市空间（王万茂、王群，2015）。诚然，在耕地资源有限以及城市化快速推进中，城市土地利用陷入资源困境，城市建设用地的刚性需求愈演愈烈，而建设用地外部供给的阻断性与当前建设用地利用的粗放性相矛盾，提高建设用地利用效率，才能满足城市在当前及今后一段时期内的发展需求。

综上所述，城市建设用地资源稀缺已经成为约束城市社会与经济发展的重要"瓶颈"，而严格的耕地保护政策又限制了建设用地的外部供给。因此，依据城市职能异质性，分城市类型考察建设用地利用效率、因地制宜地提高现有存量建设用地的利用效率才是不同类型城市的可持续发展之道。

第二节　研究目标与研究内容

一　研究目标

本书的目标是从城市类型差异性视角考察建设用地的利用效率，探析如何提高建设用地利用效率。具体而言：

（1）在考虑城市类型差异性情况下测度建设用地利用效率水平。考察建设用地利用效率的首要问题是回答当前城市建设用地利用效率水平如何，采用何种方法衡量用地效率水平。因此，本书在考虑城市类型差异性情况下，采用适宜的研究方法，评价建设用地利用效率的真实水平。

（2）在考虑城市类型差异性情况下，探讨提高城市建设用地利用效率的差别化路径。在全面掌握了当前我国城市建设用地利用效率水平之后，最终目的是提高用地效率，从而解决当前我国城市建设用地资源硬约束与城市发展中对建设用地刚性需求之间的矛盾，探讨提高城市建设用地利用效率的差别化路径。

二　研究内容

基于上述研究目标，首先，本书梳理现有文献，界定城市类型划分的标准，继而展开城市类型的划分，并分析不同类型城市的建设用地利用结构特征；其次，系统梳理效率评价方法，采用 SBM 非期望产出模型和共同前沿模型，从投入产出两个维度构建评价指标体系，测算城市建设用地利用效率；再次，从理论层面剖析城市建设用地利用效率的主要影响因素的作用机制，构建面板 Tobit 回归模型实证检验城市建设用地利用效率的影响效应；最后，总结实证分析结果，探讨提高城市建设用地利用效率的差别化路径。具体而言，主要包括以下四个方面。

（1）城市类型划分与建设用地利用特征分析。首先，基于城市职能异质性展开城市类型划分，为后续研究做好准备工作。其次，在此基础上，分析不同城市类型的建设用地利用特征。本书的潜在假设是，城市类型不同则建设用地利用效率存在差异，而导致这种差异的可能原因是建设用地利用结构的不同，因此，一方面探讨不同类型城市的建设用地利用结构特征，另一方面初步验证潜在假设是否符合现实。

（2）不同类型城市的建设用地利用效率测算。首先，利用投入产出理论分析了建设用地利用效率的几种评价方法，并总结了各自适用的范围；其次，根据本书对城市建设用地利用效率的定义，选择了评价建设用地利用效率的研究方法，并在考虑城市类型存在差异性的情况下，利用 SBM 非期望产出模型和共同前沿模型，考察共同前沿、群组前沿下不同类型城市的建设用地利用效率，进而比较了不同类型城市之间的建设用地利用效率差异性；最后，测算了城市建设用地提升的潜力。

（3）不同类型城市的建设用地利用效率影响因素分析。首先，探讨了建设用地利用效率的主要影响因素及其作用机制；其次，在此基础上，选取主要影响因素，构建面板 Tobit 模型，开展实证检验；最后，根据计量结果，分析影响建设用地利用效率的因素，并比较不同城市类型之间的差异。

（4）提高城市建设用地利用效率的差别化路径。根据以上对城市建设用地利用效率的测算以及影响城市建设用地利用效率的因素分析，首先，从全国一般性角度出发，探讨提高城市建设用地利用效率的可行性路径；其次，从不同类型城市探讨建设用地利用效率的差别化提升路径。

第三节 研究方法与数据来源

一 研究方法

总体上，本书围绕"界定效率内涵—选择测度方法—评析效率差别—探讨影响机理"的研究脉络，从全国城市总体层面以及不同类型城市层面考察建设用地利用效率及其演变规律，并进一步探讨建设用地利用效率差异的成因及其作用机制，研究过程中主要采用以下四种研究方法。

（1）文献分析方法。通过研读现有关于建设用地利用效率相关的文献，发现当前考察建设用地利用效率时存在的不足以及进一步研究的方向，界定本书的研究视角以及与之相应的效率评价方法。

（2）定量分析方法。本书运用计量分析方法，研究以下问题：一是城市类型的划分，根据聚类分析方法的特征，选用 K 均值聚类法进行城市类型的划分；二是在效率测算过程中，基于数据包络分析，采用 SBM 非期望产出模型和共同前沿模型，借助 DEA Solver 12.0 软件进行效率测算；三是在分析效率的影响因素时，运用面板 Tobit 回归模型，借助 Stata 13.0 软件完成计量运算过程。

（3）比较分析方法。城市建设用地利用效率在特定的历史发展时期和特定的城市区间内存在差异，因此，通过横向和纵向（时间维度和空间维度）比较分析，得出城市建设用地利用效率的差异，分析其影响因素以及今后提升的路径。

（4）系统分析法。本书通过建立模型与指标体系，对城市建设用地利用效率进行分析，从全国层面以及不同类型城市两个维度探讨建设用地利用效率差异的因素所在，从而提出差别化的建设用地利用效率提升路径，缓解建设用地、农业用地与经济发展之间的矛盾。本书围绕"是什么、为什么、怎么办"的思路，对城市建设用地利用效率水平如何，为什么存在效率差异，如何提高城市用地利用效率，进行了系统性研究。

二　数据来源

本书使用了大量的统计指标，涉及的统计年鉴较多。

（1）城市建设用地数据来源于历年《中国城市建设统计年鉴》。

（2）城市市辖区第二、第三产业增加值，第二、第三产业固定资产投资，第二、第三产业从业人员数等城市社会经济数据来源于历年《中国城市统计年鉴》。

（3）各区域国内生产总值、城市化率、地区生产总值指数、城市居民消费价格指数等来源于历年《中国统计年鉴》，固定资产投资价格指数来源于历年《中国区域经济统计年鉴》。

（4）城市土地出让收入与出让面积数据来源于历年《中国国土资源年鉴》与《中国国土资源统计年鉴》。

第四节　技术路线

借鉴"提出问题—分析问题—解决问题"这一基本的研究范式构建了本书的分析框架，围绕"界定效率内涵—选择测度方法—评析效率差别—探讨影响机理"的研究脉络，分别从全部城市、不同类型城市两个层面分析了建设用地利用效率及其演变特征，并进一步探讨了建设用地利用效率差异的影响因素，最后基于"差别化"原则提出了提升不同类型城市建设用地利用效率的对策与建议，具体技术路线如图1-1所示。

（1）提出问题。通过查阅文献和收集数据，本书发现城市在建设用地利用过程中，普遍存在建设用地利用效率偏低的情况。然而，一方面，国家在城市建设用地总量指标上实施了严格的管控政策，地方政府"摊大饼"扩张城市规模的发展模式已经不切实际；另一方面，城市在快速发展过程中，迫切需要大量建设用地来满足城市生产与生活需要。本书关注的第一个问题是，如何解决这一现实矛盾。另外，不同类型城市由于其城市职能定位、主导产业差异等原因，在城市土地利用过程中存在显著差异。因此，本书关注的第二个问题是，不同类型城市建设用地利用效率是否也存在差异。

（2）分析问题。基于研究问题，首先，进行城市类型划分并分析不

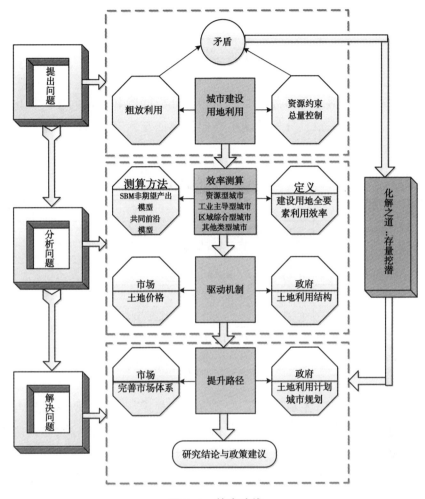

图 1-1 技术路线

同类型城市在建设用地利用过程中是否存在显著差异，从而验证本书从城市类型差异性视角考察建设用地利用效率的合理性。其次，回答当前建设用地利用效率的真实水平如何，界定本书建设用地利用效率的内涵并选择适宜本书的测算方法。最后，分析哪些因素影响了建设用地利用效率。

（3）解决问题。本书在全面测度当前我国城市建设用地利用效率的真实水平下，分析建设用地利用效率的主要影响因素，基于分析结果，分别从全部城市、不同类型城市两个层面探讨了差别化的建设用地利用效率提升路径。

第五节　本书结构

本书主要包括三个部分：提出问题、分析问题和解决问题。提出问题安排在第一至三章，分析问题主要包括第四至六章，解决问题在第七章（见表 1-1）。

表 1-1　　　　　　　　　　**本书结构与研究内容**

章	研究内容概述
第一章	阐述研究背景，说明研究问题、研究内容与技术路线
第二章	梳理现有文献，论证研究意义
第三章	界定基本概念，阐述理论基础
第四章	开展城市类型划分，探讨不同城市的建设用地利用特征
第五章	在共同前沿、群组前沿下展开建设用地利用效率评价
第六章	分析建设用地利用效率的驱动机理并进行实证检验
第七章	总结全书研究结论，提出政策建议以及阐述研究展望

第一章为绪论。主要阐述了本书的研究背景与意义、研究目标与研究内容、研究方法与数据来源、技术路线、本书结构安排以及创新之处与不足。

第二章为文献综述。本章主要围绕以下几个方面来展开：①城市分类；②城市建设用地利用效率的内涵及其测度；③城市建设用地利用效率的影响因素；④简要评论。

第三章为概念界定与理论基础。首先对核心概念进行界定与说明，如城市类型、城市职能、建设用地利用效率等；其次分析了理论基础，主要包括经济增长理论、资源配置理论、地租地价理论、土地报酬递减规律等。

第四章为城市类型及其建设用地利用特征。本章第一部分依据城市职能对地级及以上城市进行类型划分；第二部分分析不同类型城市的建设用地利用结构特征。

第五章为城市建设用地利用效率的测算。在考虑环境污染非期望性产出的情况下，构建了 SBM 非期望产出模型；利用共同前沿模型，考察了在共同前沿、群组前沿下不同类型城市的建设用地利用效率；对比分析不同类型城市的建设用地利用效率的差异。

第六章为城市建设用地利用效率的影响因素分析。分析建设用地利用效率的影响机理，并提出研究假说；构建面板 Tobit 模型，实证检验上述研究假说；针对实证结果，展开讨论。

第七章为结论与讨论。本章总结研究结论，提出相应的政策建议，并展望未来进一步研究的方向。

第六节　创新与不足

一　创新之处

（1）本书基于城市类型差异性视角，考察了共同前沿、群组前沿下不同类型城市的建设用地利用效率。现有文献针对建设用地利用效率的评价，以所有城市作为研究样本时，没有考虑城市之间存在差异，导致研究结果存在偏差。因此，本书通过比较不考虑城市类型差异性（共同前沿）与考虑城市类型差异性（群组前沿）两种情况下的效率评价结果，发现共同前沿下的有差异与群组前沿下的无分异，印证了本书从城市类型差异性视角下考察建设用地利用效率的必要性与合理性。

（2）本书在考虑非期望性产出以及城市类型差异性的情况下，将 SBM 非期望产出模型和共同前沿模型应用到建设用地利用效率的评价之中。SBM 非期望产出模型能够解决效率测算中考虑非期望性产出（如环境污染）的问题；共同前沿模型能够与城市类型差异性相结合，解决建设用地利用效率评价中不同类型城市的评价标准差异问题，即各类城市群组所参照的技术前沿面是不同的，使得研究结果更符合现实。

二　不足之处

（1）城市类型划分有待进一步细化。尽管本书针对城市类型进行了划分，分类结果满足了本书研究的需要，但从提高研究质量而言，城市类型划分有待进一步细化。一方面，细化城市类型划分的标准，即分类指标体系的完善以及临界值的确定；另一方面，进一步细分其他类型城市，由于城市属性随着时间的变化而演变，在分类过程中将属性统一归为其他类型，导致该类城市样本较多，在今后的研究中可以进一步细分该类城市。

（2）评价指标体系有待进一步优化。由于本书以城市为研究单元，数据获取受到一定限制，若今后能够获得更多的数据，可以在效率评价指标上进一步提升，比如非期望性产出指标，本书选用了工业二氧化硫（SO_2）排放量作为代理变量，能够说明本书需要研究的问题，但今后如果能获取地级市层面的 PM2.5 长面板数据，以此作为非期望性产出指标，研究效果会更好。

（3）行政区划调整，可能会对结果产生影响。本书研究对象界定为城市建设用地，数据范围为城市市辖区，但由于某些指标没有市辖区数据，计算过程中采取一定的换算比例，使用城市行政区指标数值换算得到，使部分结果存在一定的偏差。另外，由于行政区划的调整，尽管本书在数据处理中保证土地数据与社会经济数据在统计口径上的一致性，但对效率值存在一定的影响。

第二章 文献综述

如何提高城市建设用地利用效率一直是国土资源部门关注的焦点问题，同时也是地方政府需要面对的实际问题。考虑到从城市类型差异视角考察建设用地利用效率的研究较少，本书依据城市职能差异区分城市类型，分析不同类型城市的建设用地利用效率差异，进而提出基于不同类型城市的差别化的城市土地管理政策与建议。因此，本章主要从城市类型的划分、建设用地利用效率的内涵以及评价等相关问题展开文献的回顾与评论。

第一节 城市分类

有关城市分类，学者展开了大量的研究，但基于研究视角以及划分标准的不同，城市分类结果存在差异。弗里德曼等学者认为，全世界城市网络体系正在兴起，在空间上集聚了生产与市场系统（Friedmann and Wolff, 1982）；随后，弗里德曼在 1986 年首次提出"世界城市假说"（the World City Hypothesis），并选取人口规模、国际金融中心、交通枢纽等 7 项指标实证分析了世界范围内的 30 个城市。首先，将 30 个城市分为两组，一组为核心世界城市，一组为边缘世界城市；其次，分别在两组中选出主要城市与次要城市（Friedmann, 1986）。1995 年，弗里德曼总结了世界城市的四大特征：世界经济组织的集聚地、金融与特殊服务公司的集聚地、新兴产品的生产集聚地和新兴产品的市场集聚地。弗里德曼所提的世界城市与国际化城市有点类似，如纽约、巴黎等。Ho-Shin 和 Timberlake 利用 1977—1997 年城市之间的航空旅客数据，展开了世界城市类型划分，并发现在不同的时间点，部分城市存在波动（Ho-Shin and Timberlake, 2000）。史密斯（Smith）从信息流动与服务水平视角出发，依据城市在国际范围内的资本流动、信息交流程度与商品交换频率，将世界城市主要分为世界核心城市、世界半核心城市、世界边缘城市与世界半边缘城市（Smith and Timberlake，2001）。

此外，由英国 Longborough 大学地理系学者所组成的世界城市研究小组（GAWC）对世界城市的定义和分类进行了较为系统的研究。他们以4种主要的生产性服务行业（会计、广告、金融及法律）的总部与分支机构在世界各大城市的分布情况为依据对世界城市进行分类（Taylor，1997），且目前已经完成了2000年、2004年以及2008年的世界城市名册与分类报告。最新的世界城市名册与分类报告将129个世界城市划分为3级：α级城市41个、β级城市40个和γ级城市48个。值得注意的是，上海、北京和香港已经跻身于第一级世界都市（α+级）的行列。

综上所述，国外学者根据研究的需要，采用不同的城市分类标准，得出不同的城市分类结果。从结果来看，针对处于某种类型中排名靠前的城市，分类结果比较稳定，如纽约，无论是按照世界主要城市还是世界核心城市的标准，结果均一致。然而，针对处于某种类型中排名比较靠后的城市，分类结果存在差异。

国内学者借鉴国际经验，针对我国城市类型划分展开了大量的研究，主要依据城市规模、城市职能、城市综合实力、城市布局形式等标准来分析。依据城市规模来划分城市类型的研究中，多以城市人口指标，将城市分为特大城市、大城市、中小城市等（王小鲁，2010；段瑞君，2013）。依据城市综合实力来划分城市类型的研究中，多以经济实力、城市规模等指标，将城市分为一线、二线、三线等城市（李智等，2013）。依据城市布局形式来划分城市类型，主要将城市划分为块状布局城市、带状布局城市、星座状布局城市、组团状布局城市、大都市连绵城市（龙昱，2012）。而本书主要从城市职能差异来分析城市类型问题。

现有文献依据城市职能对城市类型划分也进行了大量的研究，但目前还没有形成统一的标准。张文奎等是国内最早依据城市职能进行划分的学者，他们利用1988年数据，将我国434个城市分为工业城市、交通运输城市、商业城市、教育科技城市、国际性旅游城市、行政管理城市、综合城市、非综合城市和一般城市九类城市（张文奎等，1990）。随后，周一星和孙则昕论述了中国城市职能分类的相关理论，并重新划分了中国城市职能（周一星、孙则昕，1997）。鲁春阳等采用因子分析法和聚类分析法对中国城市进行了系统性划分，分为区域综合性城市、第二产业城市、交通城市、文化旅游城市和地方中心城市 5 类（鲁春阳等，2011；鲁春阳等，2012）。本书将参考已有研究成果，以城市职能作为城市类型划分的标准，结合研究内容，主要考虑区域综合型城市、工业主导型城市、资源型城市等典型城市类型。

第二节　城市建设用地利用效率的内涵及其测度

城市土地利用水平可以选择土地利用效率来衡量，利用效率越高，土地利用越集约；利用效率越低，土地利用越粗放。城市土地利用效率主要包括宏观的结构效率和微观的边际效率（陈荣，1995）。现有研究主要围绕以下几个方面展开。

一　城市土地利用模式与优化配置

国外学者对城市土地利用研究起步较早，可以追溯到 20 世纪二三十年代，最初是人文生态学派开展对城市土地利用问题的相关研究，聚焦于探讨城市土地利用模式，主要观点有轴向模式、同心圆模式（Burgess，1925）、扇形模式（Hoyt，1939）以及哈里斯（Harris，1925）和厄尔曼（Ullman，1945）的多核心城市模式等（刘盛和等，2001；刘盛和，2002）。此外，还有"杜能圈"模式（杜能）、以区位论为中心的土地区位理论（杜能，1997；韦伯，1997；马歇尔，1997；克里斯泰勒，1998）。随着研究的不断深入，20 世纪 60 年代，阿朗索在研究城市土地的空间结构以及城市土地价格问题时，发现城市土地价格存在差异的根源在于土地的用途不同（阿朗索，2007）；Muth 在对城市土地的空间结构进行的研究中丰富了阿朗索的地租理论（Muth，1969）。Mills 认为，城市规模和结构形成的原因关键在于城市能够提供生产和就业机会（Mills，1967）。

人文生态学派多以定性研究为主，随后，一些学者开始利用定量方法来分析土地利用问题。如经济区位理论基于市场一般均衡理论，利用空间数理经济学、系统动力学原理推导并构建了城市土地利用模型（许学强等，2009），通过数据分析，验证了城市土地利用具有三点特征：一是城市地租与城市中心的距离成反比；二是城市土地利用强度与城市中心的距离成反比；三是城市土地利用在空间上呈现分异特征（DiPasquale and Wheaton，1996）。另外，还有一些学者的研究成果对当前的城市土地利用仍然具有参考价值，如 Koopmans 认为，完全竞争的城市土地市场中，土地利用模式不一定有效（Koopmans and Beckmann，1957）；Cho 的研究结果表明，划定城市边界有助于城市土地利用效率的提高（Cho，1997）等。

城市土地利用模式主要有两种，一种是低密度疏散模式，另一种是高密度积聚模式（毛蒋兴、阎小培，2002）。而低密度疏散模式的发展结果就是城市规模的无限扩张。针对城市土地规模的扩张，学者从城市土地利用政策、土地产权和土地使用的外部性等方面展开了讨论。

当前的土地政策滞后于城市化发展，不能满足土地的刚性需要，这一现象在第三世界国家特别明显，如坦桑尼亚的土地政策不能满足城市化发展中的土地需求，国家之间应该共享政策操作经验（Kironde，1997）。Payne 分析了不同类型土地的所有权和产权问题（Payne，2001），Macedo 从历史视角阐明了土地所有权在巴西城市化过程中做出的调整（Macedo，2008）。Firman 认为，印度尼西亚的城市土地利用规划体制主要是自上而下的，忽视了公共利益相关者（Firman，2004）。另外，城市的发展影响城市的土地开发（Yeh and Wu，1996）。荷兰的土地利用规划能够有效地利用监管工具和协作实践适应社会变化，相比之下，比利时和波兰规划者很难控制城市扩张（Halleux et al.，2012）。有学者提出了基于"城市增长管理"（Urban Growth Management）、"精明增长"（Smart Growth）等规划理念，探寻城市可持续发展的策略与措施（Downs，2001；Handy，2005；Ye et al.，2005；Gabriel et al.，2006）。刘琼等分析了土地财政收入与城市扩张之间的关系，认为东部、中部、西部三大区域应实行差别化政策（刘琼等，2013；刘琼等，2014）；赵可等分析了城市经济与城市建设用地利用两者之间的长期均衡关系，结果表明城市建设用地对城市经济发展的解释力度不强，认为政府应该改变当前"摊大饼"式的城市发展模式（赵可等，2010）；舒帮荣等从城市职能视角，考察了全国 137 个地级城市建设用地的扩张，研究结论表明，不同职能型的城市建设用地扩张各不相同，各种类型城市的建设用地扩张的影响因素及其因素组合的作用强度也存在明显的差异。基于此，提出基于不同城市职能的差别化城市建设用地扩管制的政策建议（舒帮荣等，2014）。

随着学界对土地利用模式的关注，迫切需要解决的问题是，城市应该如何布局城市土地利用结构，才能实现土地资源的帕累托最优。特别是20世纪70年代，随着我国城市化以及工业化进程的推进，城市经济快速发展对建设用地的需求愈演愈烈，如何实现城市土地在经济部门之间的最优配置成为学者关注的重点（Charnes et al., 1975；Barber, 1976；Dokmeci, 1979）。Fisch还考察了在交通枢纽不太合理的情况下城市应如何优化土地配置（Fisch, 1982）。随着科技的进步，遥感和地理信息技术的兴起进一步丰富了土地利用模式的研究内容。Su分析了当前利用GIS构建城市分析模型存在的问题以及未来发展的方向（Su, 1998）；Banerjee利用遥感技术分析了印度的土地利用与土地覆盖现状（Banerjee and Srivastava, 2013）；Zhang Ping等利用CLUE-S（the Conversion of Land Use and Its Effect at Small Regional Extent）和SWAT（Soil and Water Assessment Tool）模型，对土地利用结构进行优化分析，以期控制农业面源污染；Aljoufie等构建了CA（A cellular automata）模型考察了城市土地利用与交通变化之间的交互作用对城市规划、交通规划的影响机理（Aljoufie et al., 2013）。上述研究都是基于空间模型分析城市土地利用与优化配置展开的。

另外，以探讨人的因素为核心的行为学派，也分析了城市土地利用问题。核心思想是，人类的主观能动性、价值观等社会因素同样影响城市土地利用的模式选择（刘盛和、周建民，2001），这些研究进一步完善了城市土地利用的理论体系。结合我国当前的建设用地利用管理现状，无论哪类学派，都要解决建设用地指标如何分配的问题，而目前学界基本形成了共识，即"总量控制，区域差别化配置"（王晓青、李建强，2010；李效顺，2010；王晓青，2010；陆铭，2011；张恒义，2011；陈世聪，2012）。

二　城市建设用地利用效率评价

从土地利用效率的定义而言，一方面，土地利用是人类在社会生态整体系统下展开的活动，因此，土地利用效率应该包含经济效益、社会效益和生态效益。另一方面，土地利用的多功能性决定了土地利用效益的多样化（王国刚等，2013），城市土地利用能够产生多种正面效益，同时也会产生负面效益（如环境污染），两者之间的均衡凸显出城市（居民或者政府）利用城市土地的能力（罗罡辉、吴次芳，2003）。另外，地均生态服务价值的概念被提出（Costanza et al.，1997），进一步延伸了土地利用效率的内涵。总之，提高土地利用效率，就是在土地资源硬约束下探析土地利用效率的最大化（柯新利等，2014）。

从研究的空间范围来看，一是从全国省际层面展开分析，以省份作为基本研究单元（如王昱等，2012）；二是以某一个区域内的城市为研究样本，展开土地利用效率的评价，如王希睿等（2015）、夏庆利和罗芳（2012）、胡银根等（2016）。

从研究方法来看，主要包括两大类：一类是参数分析法，另一类是非参数分析法。前者主要是基于生产函数的随机边界法，将土地要素纳入生产函数中，测算土地单要素效率，但该种方法的缺陷在于只能是单产出。如有学者利用 SFA 模型测算了省际建设用地单要素效率（李鑫、欧名豪，2012）。在非参数分析过程中，常见的分析模型有传统的 DEA 模型（Data Envelopment Analysis）、SBM 模型（Slack Based Measure）、超效率模型（Super Efficiency Model）等，其中最为典型的是传统数据包络分析法。早在 1951 年，Koopmans 首次提出有效性度量的概念（段永瑞，2006）；随后，1978 年著名的运筹学家 Charnes、Cooper 和 Rhodes 首次提出数据包络分析模型，该模型是一种基于线性规划的效率评价方法（Charnes et al.，1978），可以用于评价基于多投入和多产出的同种类型决策单元的技术有效性，其所得效率值是相对值，而非绝对值。

另外，国外学者借助数据包络分析还从其他角度展开了研究。Boame 利用数据包络法测算了加拿大 1990—1998 年城市轨道交通系统的技术效率分值（Boame，2004）；Graham 利用全要素生产率估计法和数据包络法测算了城市轨道交通的效率排名（Graham，2008）；Odeck 等构建了效率评价指标体系并利用数据包络法和随机前沿法测算了海港效率及其影响因素（Odeck and Bråthen，2012）。超效率模型的优势在于能够进一步比较处在前沿面上的有效单元（效率值均为 1）之间的差异，如学者李佳佳和罗能生（2015）的分析，但这些分析存在的缺陷在于，测算的效率并非土地要素的利用效率，而是整体决策单元的效率，两者之间存在偏差。

从效率测算结果来看，就全国整体而言，城市土地利用效率呈现出由东向西、由东南向西北逐步递减的规律，差距逐渐减小，呈现出持续收敛的态势（王文刚等，2011；李永乐等，2014）；而长三角地区土地利用效率差异呈现逐步扩大的趋势（杨清可等，2014）。城市层面的土地利用效率也呈现东部、西部、中部逐渐递减的区域差异特征（陈伟、吴群，2014；张志辉，2014）。

从效率评价结果看，当前城市建设用地利用效率普遍不高，如果地方政府过分依靠"摊大饼"式发展，通过扩张城市规模来发展经济不符合实际，需要重归于城市化内生型增长轨迹（文贯中，2014）。另外，建设用地扩张对经济增长的贡献随着发展阶段的演进逐渐减小（姜海等，2009）。因此，对于新增建设用地指标的分配，一些学者认为，应该实行新增建设用地指标的差别化管理（欧胜彬等，2014；刘琼等，2014），促使用地指标从产出效率比较低的城市流向边际产出效率比较高的城市。总之，依靠无限制的扩张，无论是在经济发达地区还是在经济相对落后地区，都是很难再现的。因此，通过对城市现有存量建设用地进行深度挖潜，逐步提高建设用地利用效率，实现建设用地的节约集约利用，满足城市经济社会发展的刚性需求，才是解决城市发展瓶颈的根本途径。

第三节 城市建设用地利用效率的影响因素

针对城市土地利用效率的主要影响因素，主要包括两个方面，一是外在的环境，二是内生的集聚经济要素（周沂等，2013）。具体而言，有以下几个方面。

一 宏观经济政策与土地管理政策

就宏观经济政策来看，地方政府为了弥补财政缺口，通过出让更多的土地从而获取土地财政收入，如1994年的分税制改革，促使经济发展模式演化为"以地谋发展"（刘守英等，2012）。地方政府在这种财政收入的刺激下，通过供给大量建设用地，降低了建设用地利用效率。就城市土地制度来看，在特定年份实施的政策与制度改革，一定会影响城市建设用地利用效率；城市土地制度的改革，如果能够促进地方政府调整土地利用方案，同样会影响城市建设用地利用效率，土地制度是否适宜当前城市土地管理，在一定程度上影响了建设用地利用效率（Cho，1997；Macedo，2008；夏传信、闫晓燕，2011；钟成林、胡雪萍，2016）。评价当前土地制度的适宜性，应当根据其在常态下的实施效果（张敬东，1992）。如耕地保护政策对城市土地利用效率的影响（李永乐等，2014），一般而言，耕地资源越稀缺，农地非农化的难度越大，从外部新增城市土地的可能性越小，城市土地资源越稀缺，因此"倒逼"城市节约集约用地，提高城市土地利用效率。根据李永乐等（2014）的研究结果，东部地区的城市，耕地资源的稀缺程度高，城市建设用地利用效率高；而西部地区的城市耕地资源的稀缺程度对城市建设用地利用效率的影响不显著，两者之间的差异原因在于东西部地区耕地资源丰裕程度存在较大差异。目前，我国的耕地保护政策之一是"耕地占补平衡"，"先补后占、占优补优"是该政策的基本原则，而禁止耕地资源跨省"占补平衡"同样导致效率损失（邵挺等，2011）。

二   土地市场与土地价格

这两者都会影响土地利用效率（李佳佳、罗能生，2015）。土地要素作为企业生产空间载体，其租金是生产成本之一。地方政府的土地价格影响着企业生产行为，政府的土地供应价格策略影响着企业集聚行为（梅林、席强敏，2018）。黄健柏等（2015）发现，工业用地价格扭曲能够有效推动企业过度投资，工业用地租金是企业最主要的生产成本之一，所以，针对企业而言，地方政府低价出让工业用地的招商引资策略具有较强的吸引力（黄健柏等，2015）。土地资源作为企业的生产要素，价格的变化意味着企业生产成本的增减，土地要素成本的增加倒逼企业减少土地要素的投入，而增加技术、劳动、资本等其他要素的投入，从而提高土地单位面积产出，进而提高土地利用效率（李佳佳、罗能生，2015）。

三   产业结构

产业结构与用地结构呈现同步增减趋势（张颖等，2007），非农产业占比越高，建设用地利用效率越高（赵伟等，2016）。特别是高端产业更能够提高建设用地利用效率（豆建民、汪增洋，2010），即产业层次越高、技术越先进，城市土地利用效率越高；低端高耗能产业，建设用地利用效率越低。

四　经济发展水平

经济发展水平对城市土地利用效率有正向作用（陈伟、吴群，2014；李永乐等，2014）。经济发展处于不同的发展阶段，资源利用方式与理念存在很大差异。在经济发展水平较低时期，地方政府注重经济产出，资源利用技术水平低、利用方式粗放、环境污染严重，导致在考虑环境产出时建设用地利用的综合效率偏低；在经济发展处于高水平时期，地方政府注重经济发展的质量，资源利用技术水平高、利用方式集约、控制污染源的排放，既要增加经济产出又要降低环境污染，导致建设用地利用的综合效率较高（贝涵璐，2016）。

另外，一些学者还探讨了耕地资源、城市类型等其他因素对建设用地利用效率的影响。一是城市类型与性质的不同，对城市土地利用效率影响也不同，如一些以政治、经济、文化等为一体的省会城市，人口密度高，城市土地利用效率高（刘坚等，2005）。二是城市规模。适度规模会促进城市土地利用效率的提高，但超大规模可能会让城市进入规模效应递减阶段（吴得文等，2011），土地利用效率递减。三是"卖地财政"和"土地招商"同样影响城市土地利用效率（张志辉，2014）。若地方政府财政缺口较大、急需财政收入的情况下，地方政府可能倾向于"卖地财政"策略；若地方政府偏向于获得长期的税收收入，地方政府可能倾向于"土地招商"策略，甚至以低价工业用地政策吸引外商投资。两种策略的差异导致建设用地利用效率明显不同。四是在考虑城市建设用地利用过程中产生的环境污染时，污染越严重，建设用地利用综合效率越低（杨清可等，2014）。五是技术外溢性对城市土地利用效率的影响。国内外研究认为，技术要素的投入对城市土地利用效率存在显著影响（韩峰、赖明勇，2016）。六是开征物业税对城市土地利用效率的影响。开征物业税将减少资本密度，降低土地利用效率（王智波，2010）。

综上所述，城市建设用地利用效率的影响因素主要包括土地制度、政府政策、城市经济发展水平、城市土地市场发育水平、城市规模、城市区位、产业结构、土地利用结构等。

第四节　简要评述

综合上述文献，学者针对城市建设用地利用效率开展了大量的探索。在研究内容上，多以经济效率为主，少数文献涉及生态效率、社会效率等；在研究方法上，多以非参数估计方法传统数据包络分析法（DEA）为主，但多数测算的效率并非土地利用效率而是整体决策单元的效率；在研究区域层面，有全国整体、省级层面、区域层面、城市层面等；在研究视角上，多从区域差异的角度分析，认为我国建设用地利用效率最为明显的空间特征为地区差异，鲜有文献从城市职能差别化视角考察建设用地利用效率。

现有研究存在以下不足：①对土地利用效率的定义有失偏颇。现有文献存在的缺陷在于，测算的效率并非土地要素的利用效率而是整个决策单元（省份或者城市等）的效率，而且没有考虑城市土地利用的非期望性产出。②时间跨度偏短。多数研究以某一年份的数据来分析，所获信息极其有限，所得结论受随机干扰因素影响较大，结果的可靠性受到限制，导致基于结论提出的政策建议也可能是有偏的。③研究单元界定有偏。如以省际层面作为基本单元来分析城市建设用地，经过数据整合之后，会消除每个省城市之间的差异性，得出的研究结论不够准确，没有针对性；以城市作为研究单元，将所有的城市作为研究对象，包括县、县级市、地级市，由于研究单元无论是行政区划还是经济地位，个体之间差异很大，单元之间进行比较，有失偏颇。

因此，本书拟以地级市为研究单元，从区分城市类型视角考察建设用地利用效率的差异，并将环境污染作为城市建设用地利用过程中的非期望产出，使用工业二氧化硫作为环境污染的代理变量引入建设用地利用效率的测算模型之中；在区分共同前沿、群组前沿的情况下，分析了不同类型城市的建设用地利用效率；在此基础上，利用面板 Tobit 模型实证分析建设用地利用效率的外部环境影响因素，寻求提高不同类型城市的建设用地利用效率的差别化路径，以期为今后制定差别化的城市土地管理方案提供依据。

第三章 概念界定与理论基础

基于本书的研究问题，本章将对核心概念进行界定，并对主要理论进行阐述。

第一节 概念界定

一 城市类型与城市职能

城市是社会经济活动空间集聚的结果，是具有一定人口数量，并以非农业人口为主的居民集聚地（曲福田，2011）。随着城市化进程的不断推进，人口逐步向城市集中，在社会经济发展过程中城市地位逐步提高，随之产生的城市问题也亟待解决。本书综合考虑所研究的问题，将城市范围界定为地级及以上城市，不包括县级市。

本书将城市职能界定为城市地理学中的概念，即某个城市在国家或者区域范围内所承担的分工、扮演的角色、发挥的作用，是城市在经济、政治、文化等方面对其本身以外的区域产生的影响（许学强等，2009）。

城市类型是指依据不同的标准对城市进行的分类，而本书城市类型划分是依据城市职能的相似性和差异性，采用不同的方法对城市进行的分类（全国科学技术名词审定委员会，2006）。

二 城市建设用地结构

广义的城市土地是指城市单元辖区范围内的陆地与水域面积，包括地下与地上范围。从行政区域范围来看，城市土地主要包括三种内涵：①建成区土地，包括城市建设用地及其他水域面积；②城市规划区内的土地，即城市土地规划内的所有土地，包括建成区与未建成区域；③城市行政界线范围内的所有土地。狭义的城市土地仅仅指城市建成区的土地面积（张敏莉，2010）。本书的城市建设用地是指城市土地中除了水域及其他用地之外的所有土地，界定为城市建成区的建设用地，对应于《中国城市建设统计年鉴》中的城市建设用地面积。

城市建设用地结构，是指城市（县）人民政府所在地区域范围内的居住用地、工业用地、绿地等各个单项城市建设用地面积与城市（县城）城区（镇区）内的城市建设用地面积总和的比例。

三　效益、效率与建设用地利用效率

效率的内涵有别于效益。效益和效率是一组既有区别又有联系的两个概念，效益一般是指有益的效果，而效率是效益与成本之比（郭道晖，1996）。建设用地利用效益是指城市在利用建设用地过程中产生的利益性与有益性的物品；建设用地利用效率是指城市在利用建设用地过程中的经济性与集约性。建设用地投入产生效益，但不一定都有效率，如投入大量的建设用地，但收效较小，即效益大而效率低。

经济学中的效率是指投入产出比，就投入角度而言，效率是在产出给定条件下投入的最小化；就产出角度而言，效率是在投入给定条件下产出的最大化。经济学中对效率的定义有两个前提条件，一是技术是给定的，二是资源是稀缺的。依据上述经济学中对效率的定义，参考已有研究成果（张良悦等，2009；张志辉，2014），本书将建设用地利用效率界定为全要素建设用地利用效率，是指在城市单元生产处于最优技术效率状态下，产出既定时建设用地的最小投入量与实际建设用地使用量的比值，即：

$$TE = (\omega - \omega_1)/\omega \qquad (3-1)$$

式中，TE 代表全要素建设用地利用效率，ω、ω_1 分别表示建设用地实际投入量与冗余量。

第二节　理论基础

一　经济增长理论

经济增长是生产的持续扩张或产量的增加，一般使用经济总产量

（GDP）或者使用人均产量（人均 GDP）来衡量经济增长。另外，根据美国经济学家西蒙·库兹涅茨对经济增长的定义，城市经济增长是指该城市政府为城市市民提供各类经济产品的能力的提升，这种不断增长的能力立足于先进的生产技术、匹配的城市制度以及思想意识（胡放之、董光荣，2012）。也就是说，只有城市的社会经济制度和意识形态符合城市经济增长的一般规律，技术进步才能发挥应有的作用，促进城市经济的增长（刘苓玲，2015）。经济增长的最终目的是提高人类生活的福利水平。经济增长的基本特征主要包括以下几个方面。一是生产率的迅速增长，生产率最能解释某个地区或者国家生活水平存在的差异。二是经济结构的调整，如第一产业向第二、第三产业转移。

　　传统的、非地理意义的经济增长来源主要包括资本的积累、人力资本的增长、技术进步、土地与其他自然资源等（冯开文，2013）。①资本的积累。物质资本包括人类用以生产所有产品和服务的物质资料，如机器和建筑。本书采用人均资本来表示资本积累的程度。②人力资本的增长。人力资本一般包括个人的学识、阅历等，通过学历教育和实践获取。人力资本的增长能够提高劳动力的收入水平以及生产效率。③技术进步。技术进步与经济增长是相辅相成的。技术进步不仅包括生产技术水平的提高，还包括管理理论和经营理念的进步，从生产工人改进企业生产方式（思想）到科学家发明的微型计算机，都是技术进步。④土地与其他自然资源。丰富的自然资源能够促进经济增长，但需要合理利用，避免造成环境污染。例如，土地资源丰富的地区或者国家，耕地越多，农作物产量越高。从地理学角度来看，经济增长还有其他来源，如集聚效应。地理区位上的邻近关系有益于生产率的提高，这是因为相邻地区可以分享中间投入品、劳动力储备、劳动力匹配效应和知识溢出效应。城市发展之所以能够提高劳动生产率和收入，就是因为它可以为生活过程提供中间投入品，加强人与人之间的交流，减少了交易成本。卢卡斯（2001）认为，城市就是经济增长的发动机。

　　主流的经济增长理论主要包括古典增长理论、新古典增长理论和新增长理论。古典增长理论代表人物主要有大卫·休谟（D. Hume）、亚当·斯密（A. Smith）、大卫·李嘉图（D. Ricardo）等（秋山裕，2015）。大卫·休谟研究了 18 世纪英国产业革命之前的经济发展情况，认为贸易顺差能够为英国带来财富，经济发展需要与之匹配的社会环境；亚当·斯密在《国富论》中提出，应该使用购买力来衡量国家的富裕程度；大卫·李嘉图关注于英国产业革命之后的经济发展，认为在自由贸易的市场下，各国应该发挥本国的优势生产领域，该观点称为比较优势理论。

新古典增长理论是 20 世纪 60 年代由麻省理工学院的罗伯特·索洛发展而来的，该理论的核心观点是，只要技术在不断进步，那么实际的人均 GDP 就将保持增长；实际 GDP 的增长速率，等于人口增长率加上由技术变革以及人力资本积累导致的生产率增长率。因而，根据新古典增长理论，增长会持续下去（罗宾巴德，2010）。

新增长理论起源于 20 世纪 80 年代，也称为内生经济增长理论，代表人物主要有罗默（Rome）、卢卡斯、巴罗（Barro）等。新增长理论的核心观点是，经济增长不是外在因素影响的结果，而是由经济系统内部因素作用的结果；另外，一些宏观政策对经济增长具有显著影响（马春文、张东辉，2010）。新增长理论的特征在于内生经济增长。内生增长模型以简单的 AK 模型为代表，该模型的前提是要素报酬不变或者递增，不存在要素报酬递减情况，用公式表示为 $Y = AK$，式中 Y 为产出，A 代表技术水平。该生产函数的含义是产出与资本成等比例，资本的边际产出与平均产出均为 A，故而消除了资本要素报酬递减。

二　资源配置理论

一般而言，资源配置是指人类社会将相对稀缺的有限资源在不同用途间进行选择并最终确定用途的行为（曲福田，2011）。资源是人类社会中人力、物力和财力的总称，是人类开展社会活动的物质基础。从生态经济学以及可持续发展理论的角度理解，资源是社会总资源，既包括社会经济资源，又包括自然资源（马传栋，2015）。

城市土地资源配置效率就是将有限的建设用地资源在不同区域（如省份、城市）或不同行业（如工业、商业）之间配置从而达到的效率。这种效率使建设用地资源能有效地分配到生产、生活上。若想要稀缺的城市建设用地资源满足城市居民基本的生产与生活需求，建设用地必须配置给生产能力最强、效率最优的生产部门，以供这些部门用于生产消费者最需要的产品（汤尚颖，2014）。综合来看，主要包括三层含义：

第一，建设用地资源是否分配到社会最需要的地区或者部门；第二，建设用地资源是否按照生产某种商品所消耗的最小投入量来利用；第三，建设用地利用过程中是否存在外部性问题，是否对生态环境造成破坏（梅林海，2016）。

依据西方经济学理论，土地资源配置方式主要包括市场配置和政府配置（计划配置）两种（汤尚颖，2014）。政府配置是政府部门根据当前社会经济发展需求，采取计划配额、行政管理等手段对土地资源进行统一分配与管理。在以政府为主导的土地资源配置制度中，政府部门是体制的核心，政府应及时根据资源的状况和社会发展的需求，通过行政手段分配建设用地指标，中央政府在省级层面决定各省的建设用地指标。在市场作为配置资源的主要手段的制度下，市场规律的运行会自发地使资源从获利较少或者从边际效应低的部门向利益高的或者边际效应高的部门，从不太重要的用途转向比较重要的用途，最终实现土地资源的最优配置。在土地资源配置上，究竟应该采用市场配置、政府配置还是混合配置，一直是学界探讨的问题。如果单纯采用市场配置，可能出现市场机制无法对土地资源进行有效的配置；另一种是市场经济无法解决效率之外的非经济目标（如公平问题）。显然，最为合理的是混合治理，即市场与政府相结合的土地资源配置手段，但难点在于如何确定两者之间的平衡，即哪些资源由市场来配置，哪些资源由政府来配置。

三　地租理论和地价理论

（一）地租理论

地租，是土地所有者向土地使用者出租土地使用权获得的经济报酬。城市地租是城市土地所有权在经济上的实现形式，是城市土地收益分配的一种重要形式（冯云廷，2015）。经典的地租理论主要是古典经济学地租理论、新古典经济学地租理论以及马克思地租理论。

新古典经济学派的地租理论起源于19世纪末20世纪之初，主要以马歇尔等学者为代表。该理论的核心思想是，地租是一种土地资源分配手段，遵循租金最大化原则。

马克思地租理论认为，地租是土地所有权在经济上的实现形式。在中国土地公有制是最基本的土地制度，马克思的地租理论对中国仍有重大的理论意义和现实意义，对中国农业经济和城市用地中的很多现象均有较强的解释力（董藩等，2009）。

城市地租不同于农地地租。农地地租主要取决于耕地的肥沃水平和农产品的运输成本，而城市地租主要取决于公共交通、公共设施水平、地理区位。依据现代城市地租理论，如果一个城市的规模达到城市最优时，城市地租反映城市公共物品的投入价值；原因在于一些城市或者大城市地价很高，但与之对应的是公共物品的投入也很多、公共服务水平很高（华生，2016），比如北京、上海等一线城市，高地租伴随着高水平的公共设施建设。

（二）地价理论

地价是指出售土地获得的经济报酬，是地租或者土地纯收益的资本化（赵艳霞，2015）。地价理论主要包括马克思主义的地价理论、现代西方经济学的地价理论（毕宝德，2016）。马克思主义的地价理论主要包含三点内容。①土地具有特殊的使用价值，能够用价格来衡量。针对尚未开发与利用的土地，人类没有投入劳动，因此没有价值；针对已经开发与利用的土地，人类投入了劳动与资本，能够为人类提供产品或者服务，具有特殊的使用价值。②地价的本质是土地租金的资本化。将地租按照利息贴现后的资本货币化就是地价。③现实地价由土地物质和土地资本两部分组成。

西方经济学的地价理论源于17世纪，经过几百年的发展，逐步形成了一套基于市场价格理论的地价理论，主要包括土地收益理论和土地供求理论。土地收益理论认为，土地价格是土地收益的资本化，用公式表示为 $V = a/r$，式中，V 代表地价，a 代表土地收益，r 代表利率。

土地供求理论的核心思想是，地价是由土地市场供求关系决定的。供求关系主要包括宏观层面、微观层面以及一般均衡情况下的供求关系，如图3-1所示，分别对应（a）图、（b）图、（c）图。图中横轴 Q 表示土地数量，纵轴 P 表示地价，S 表示土地供给曲线，D 表示土地需求曲线，E 表示供需均衡点。

①宏观层面，土地供给几乎无弹性，地价由土地市场的需求决定。②微观层面，土地的供给是可变的。③在一般均衡情况下，土地的供给和需求都是随着价格的变动而变动，土地供给受到地方政府政策、产业

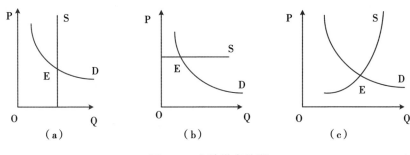

图 3-1　土地供求关系

调整等多方面因素的影响。

　　依据地租理论与地价理论，基于城市建设用地用途与地租之间的关系，城市中心地区或者接近城市中心地区的建设用地规划为商业用地等，远离城市中心的土地，规划为工业用地、行政用地等（王万茂等，2013）。规划对城市地价具有显著影响，不仅对规划用地本身有着明显影响，还辐射周边地价，如商业用地的规划会影响周边居住用地的价格。

四　土地报酬递减规律

　　规模报酬是指在假定技术水平恒定以及生产要素价格保持不变的前提下，所有的投入要素按照同一比例增减时引起的产出变动情况。假设包含土地要素的生产函数为 $Q=f（K，L）$，$t>1$，当 $f（tK，tL）>tf（K，L）$ 时，表示规模报酬递增；当 $f（tK，tL）<tf（K，L）$ 时，表示规模报酬递减；当 $f（tK，tL）=tf（K，L）$ 时，表示规模报酬不变。

　　土地高效利用、集约利用是今后城市经济发展的必然选择，土地报酬递减规律能够为集约利用土地提供理论依据。城市土地的利用效应，一般分为两类：一类是住宅，使用单位土地面积上的所建房屋的面积来表示效益；另一类是工业、商业和交通仓储的用地，使用单位土地面积上所得经营收益来表示效益。而这两者都是简单的经济意义上的效益，实际过程中，应该还需要考虑社会效益和环境效益。

　　目前中国城市土地利用的集约度受区域位置、经济发展水平以及城市规模等因素的影响。一般而言，东部地区的城市土地集约度高于中西部地区，城市中心区以及老城区的城市土地集约度高于开发区、外围区，商业以及居住区的城市土地集约度高于工业区，经济发达地区的城市土地集约度高于经济欠发达地区，一线城市的土地集约度高于二、三线城市，大城市的土地集约度高于中小城市。

现有衡量城市土地集约利用的指标主要有三个方面：人口密度、投资强度和容积率（毕宝德，2010）。①人口密度，即单位城市土地面积上居住的人口数量。一般情况下，人口密度与城市规模成正比例关系。城市规模越小，城市土地利用效率发挥不出规模经济；同理，城市规模越大，可能会出现诸如"城市病"等问题，影响城市土地利用效率。因此，在中国人多地少的国情下，在城市建设用地总量控制的背景下，城市规模的控制以及城市边界的划定是城市健康发展的重要问题之一。②投资强度，即单位土地面积上的资本投入量。该指标多用于工业用地上，如在工业用地出让中，投资强度是决定是否批准项目执行的重要参考指标之一。③容积率，即单位土地面积上的建筑面积。

上述指标基本上能够反映出城市土地利用过程中产生的正向影响（期望性产出），但城市在生产过程中，伴随着期望性产出的同时，也产生了非期望性产出，其中以环境污染最为突出。因此，在城市土地利用过程中，不仅要考虑增加期望性产出，也需要考虑控制乃至减少非期望性产出，综合衡量城市土地利用效率。

五　精明增长理论

城市增长也称为城市成长或者城市生长，包括城市人口增长、城市规模（土地面积）扩张以及城市经济增长，三者之间相辅相成。随着人口的集聚、城市规模的扩张和城市的发展，各类资源特别是土地资源已经无法满足社会发展的需求，由此，城市发展由"粗放型"向"精明型"转变，随后精明增长理念提出。

精明增长的核心问题是如何既能满足市场各方的用地需求又不造成城市扩张。精明增长是经济增长、社会发展与生态环境相协调的可持续发展模式。

城市增长的"精明"主要体现在两个方面，一是增长的效益，二是容纳城市增长的途径。①增长的效益。有效的增长应该是服从市场经济规律、自然生态条件以及人们生活习惯的增长，城市的发展不但能繁荣经济，还能保护环境和提高人们的生活质量。②容纳城市增长的途径。

按其优先考虑的顺序依次为现有城区的再利用、基础设施完善、生态环境许可的区域内熟地开发和生态环境许可的其他区域内生地开发。通过土地开发的时空顺序控制，将城市边缘带农田的发展压力转移到城市或基础设施完善的临近城市区域。因此，精明增长是一种高效、集约、紧凑的城市发展模式。

当下，随着我国人口的逐年增加，经济重心逐步由农村向城市转移，城市规模快速扩张，但城市建设缺乏规划。因此，如何有效控制城市规模无序扩张又能满足城市社会经济发展的需求，成为当前学者讨论的重点。精明增长理论的提出，为解决上述问题提供了新的思路，具体来看：一是保护基本农田；二是保护人类居住环境，包括社会经济环境与自然资源生态环境；三是强化经济建设；四是增加人均纯收入。通过实施城市精明增长计划，能够促进社会实现可持续发展（张娟、李江风，2006）。

实现城市精明增长，主要依赖于地方政府的行政干预（朱江，2009），如地方政府通过制定并实施一些限制性政策来控制城市的无序扩张等。具体来看：①发挥价格杠杆的自动调节功能，价格能够在一定程度上稳定资源的利用；②地方政府实施相应的财税政策，引导产业发展；③提高土地监察的法律地位（洪增林，2010）。城市的所有活动都是在土地上开展的，实施城市精明增长的主要途径是通过各类规划管控，实现城市发展与自然生态保护之间的平衡。

六 投入产出理论

投入产出分析是由美国著名经济学家瓦西里·列昂剔夫（Wassily Leontief）于1936年首先提出的，该理论是将"投入"和"产出"放在一起展开分析的数量分析方法。投入是指社会经济生产过程中使用与消耗的各种生产要素，如城市生产过程中，需要土地资源支撑、资本的投入、劳动力参与；产出是指社会经济生产的成果，包括实物产品与服务等。投入产出理论能够将复杂的投入产出关系定量表示（薛新伟，2000），是一种定量分析方法。目前，常用的投入产出模型主要有两种形式，一种是投入产出表，另一种是投入产出数学模型（刘起运，2006）。

城市的社会经济生产过程实质上也是一种投入与产出的比例关系。柯布—道格拉斯生产函数（C—D生产函数）是探讨投入产出生产关系的常用方法。索洛（Robert M. Solow）早在 50 年前就探讨了国家（地区）经济增长的生产函数，从而诠释该国（地区）经济增长的源泉以及投入产出关系。另外，20 世纪 60 年代兴起的城市体系一般均衡模型，也是在生产函数基础上演化而来。据此，本书以 C—D 生产函数、投入产出分析为理论基础，阐释城市经济生产的内在机理。假设城市产出为 Y，投入包括劳动力、资本和土地，分别用 L、K、S 表示，其生产函数为：

$$Y = AL^{\alpha}K^{\beta}S^{\gamma} \tag{3-2}$$

其中，α、β、γ 为参数。在中国当前的经济快速增长的背景下，生产函数以及索洛模型能够为我国城市建设用地利用效率评价提供理论支撑。

现有文献针对城市建设用地利用效率分析，主要聚焦于三类：单投入单产出、多投入单产出以及多投入多产出。

（一）单投入单产出

现有文献中很多采用地均生产总值作为土地利用效益或者土地利用效率。这类研究在探讨土地利用效率时，均采用地均产值作为衡量土地利用效率的代理指标（罗罡辉、吴次芳，2003；文贯中、柴毅，2015），忽视其他要素的生产作用。由于城市生产是整个系统在多种要素相互协调下才能完成的生产过程，简单采用地均指标无法将土地要素从生产总要素中剥离，导致指标的含义有失偏颇，实际意义一般。另外，指标的数值大小并不能反映土地利用的真实情况，而是包含其他要素综合作用的结果。我们参考已有学者的分析（杨遴杰、陈祁晖，2009），借鉴微观经济学的生产理论，阐述采用地均产值衡量土地利用要素的不合理性。

如图 3-2 所示，横轴（S）表示土地投入量，纵轴（Y）表示经济产出量，曲线表示生产前沿面。假设现有两个城市 P 和 Q，分别标注如图 3-2 所示，城市 P 位于生产前沿上。两个城市的地均产出分别为 Y_1/S_1、Y_2/S_2，比较 OQ 与 OP 的斜率，城市 Q 的地均产出大于城市 P，得出城市 Q 的土地利用效率大于城市 P。然而，城市 P 处于生产前沿面上，依据生产理论，城市 P 的土地利用效率优于城市 Q。所以，根据地均产出得出的结论与经济学理论相违背。

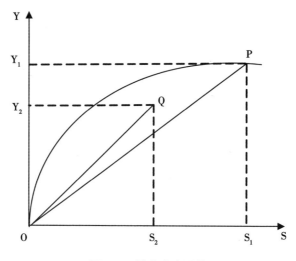

图 3-2　城市生产函数

（二）多投入单产出

在单投入单产出情况下，采用地均产出指标来衡量土地要素的利用效率是不合理的。既然城市土地生产是一个多要素联合作用的过程，如果土地要素从中能够剥离，就可以衡量出土地要素的利用效率。另外，由于土地资源的稀缺性，土地要素已经成为制约城市经济发展的重要因素之一，因此，我们需要掌握土地利用的真实水平，为提高土地利用效率提供现实依据。参考单要素利用效率的基本含义，土地要素的利用效率是指在假定产出给定的前提下，保持其他要素数量不变的条件下，土地投入的最少量与实际投入量的比值。本书参考已有研究（李鑫、欧名豪，2012），采用图示法阐述多投入单产出的基本原理。

如图 3-3 所示，横轴（S）表示土地投入要素，纵横（X）表示除土地之外的其他投入要素，Y_1、Y_2表示等产量曲线。假设某个城市的实际生产组合位于 Q 点，最大可能性产出位于等产量曲线 Y_2 上（P 点），此时，该城市的生产存在改进的空间，技术效率没有达到最优（最优效率水平为 1），生产的技术效率为：

$$TE = OQ/OP \qquad (3-3)$$

上述效率值为城市整体的生产效率。为了进一步考察土地要素的技术效率，再次分析图 3-3。假设在保证产出以及其他要素投入不变的状

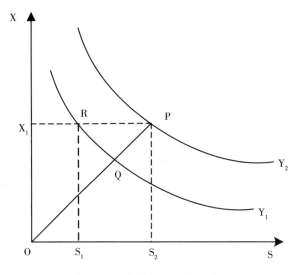

图 3-3　土地要素测算示意

态下，生产 Y 的最少土地投入为 S_1（图中 R 点），并非 Q 点，此时，土地的利用效率为 $SE = OS_1/OS_2$，存在 S_1S_2 投入冗余。

求解上述效率值，目前主要有参数估计与非参数估计。非参数估计主要采用 DEA 模型；参数估计主要使用随机前沿分析模型（Stochastic Frontier Analysis，SFA）。

（三）多投入多产出

多投入单产出模型，考虑了生产过程中投入是多方面的，是一个整体；但在产出层面，只考虑了一种产出，如分析经济效率等。诚然，在城市生产过程中，产出也是多维的，我们不仅仅要考虑经济产出，还要考虑社会产出、环境产出等。多投入多产出的基本原理与多投入单产出完全相同，只是在产出方面需要处理多产出。由于随机前沿分析模型自身的局限性，只能处理多投入单产出情况下的效率问题。非参数分析模型能够处理多投入多产出情况下的城市整体生产效率以及单要素的利用效率，具体的理论分析将在第五章详细阐述。

第四章　城市类型及其建设用地利用特征

城市在不同的发展阶段，可能表现出不同的职能。此外，每个城市的主导职能存在差异，城市在发展过程中对建设用地的需求也存在差异性，因此，城市在建设用地利用实践过程中，可能会表现出城市类型分异现象。基于此，本章首先基于城市职能的差异性对城市类型进行了考察，将城市类型划分为资源型城市、工业主导型城市、区域综合型城市以及其他类型城市；其次，在城市类型分类的基础上，探讨了不同类型城市的建设用地利用特征，验证不同类型城市在建设用地利用上是否存在差异，进一步论证本书从城市类型差异性视角分析城市建设用地利用效率的合理性。

第一节　城市类型划分

根据本书研究的土地问题，依据城市主导职能将城市类型主要划分为区域综合型城市、资源型城市、工业主导型城市和其他类型城市。

本书的城市职能是指某个城市在一定的区域范围内，在社会经济发展中确立的地位和发挥的主导作用，特指城市的主导职能。为了城市更好更快发展，需要确定城市的职能。一般而言，主要从城市在国民经济中的职能以及城市形成与发展的基本因素两个方面去考察。①就城市在国民经济中的职能而言，即依据城市在国家或者特定区域范围内在经济、文化、政治等方面扮演的角色，界定该类城市的主导职能，其中，城市的社会发展规划是界定的重要参考依据。②就城市形成与发展的基本因素而言，剖析城市形成与发展的主导要素，是确定城市职能的标准之一。例如，江苏省省会是南京市，是集政治、经济、交通、教育、旅游等一体化的综合型城市，各类城市职能的地位比较均衡，如旅游职能，南京是六朝古都，旅游资源丰富，无论是年均接待旅游人数还是年均旅游产业收入都比较高；教育职能，南京市高校数量较多，且教育资源丰富，因此将南京市定位为区域综合型城市，更符合南京市的现状。

依据城市职能将城市分为综合类城市、商业城市、交通城市、工矿城市、工业城市等，以及一些特殊类型，如历史文化名城、风景旅游城市等（龙昱，2012）。城市职能的发挥需要城市建设用地的支撑，城市建设用地的利用则能够体现出城市职能的定位。

基于城市职能进行城市类型划分一直是城市地理学关注的重点，但分类结果始终没有达成一致，分类以及评判的标准存在差异。

基于这一现实问题，结合本书的研究问题以及数据的可获取性，本书主要关注现有文献比较认可的城市类别，其中主要包括资源型城市、工业主导型城市以及区域综合型城市等。资源型城市是以资源开采为主导职能的特殊类型城市；工业主导型城市是以工业生产与加工为主导职能的一类城市；区域综合型城市是地区政治、经济、文化中心，各种城市职能接近均衡的一类城市；最后，针对其他不能确定城市主导职能或城市职能不稳定的城市，将其统一归类为其他类型城市。

一　分类思路：分次展开

本书从 238 个地级及以上城市中划分出具有特色的资源型城市、工业主导型城市、区域综合型城市三类城市，然后将余下的城市统一归为其他类型城市，具体思路如图 4-1 所示。

图 4-1 简单展示了城市类型划分的思路。分次展开城市类型划分，每次皆以 238 个地级及以上城市为总体样本，考虑设定条件（指标体系与标准），符合条件的，属于该类城市，不符合条件的，回到总体样本中。具体的划分思路如下所述。

第一步，进行分类之前，需要确定地级及以上城市名单，即确定总体研究样本。由于城市行政区划调整，我国地级市每年都存在一定程度的调整。从表 4-1 中可以看出，我国地级及以上城市的数量从 2000 年的 259 个调整为 2014 年的 292 个；另外，每年都有部分城市进行行政区划的合并与拆分，如安徽省的巢湖市，2011 年之前是地级市，2011 年撤销地级巢湖市，巢湖市市区降为县级市，由合肥代管，而所辖四县划归芜

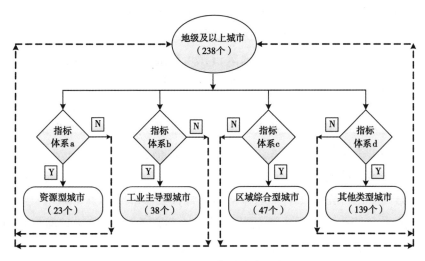

图 4-1 城市类型划分思路

注：图中指标体系是筛选各类城市的条件，指标体系 a 是指采矿业从业人员比
例；指标体系 b 是指工业从业人员比例；指标体系 c 包括两部分，一是是否省会城
市，二是非省会城市是否属于区域综合型城市，指标体系为城区人口与人均 GDP；
指标体系 d 是指前三类城市并集的补集；图中四类城市的样本数量之和大于总体样
本，原因在于有些城市同时属于两类城市，具体原因将在分类结果中详细论述。

湖和马鞍山管辖。对于类似巢湖这种城市行政级别发生变化的城市，本
书不予考虑。

表 4-1　　　　　　　2000—2014 年我国地级及以上城市的数量

年份	数量（个）	年份	数量（个）
2000	259	2008	283
2001	265	2009	283
2002	275	2010	283
2003	282	2011	284
2004	283	2012	285
2005	283	2013	286
2006	283	2014	292
2007	283	—	—

资料来源：《中国城市统计年鉴》（2001—2015）。

　　考虑到研究期间（2000—2014 年）的城市变动情况，初步筛选出行

政级别稳定的、数据完整的城市作为本书的总体样本，共计 238 个。[①]针对这些样本，分次进行城市类型划分。

第二步，使用采矿业从业人数占城市就业总人数的比例作为资源型城市的分类指标[②]，对 238 个总体样本进行单变量聚类，根据每个城市与聚类中心的距离[③]，筛选出资源型城市。

第三步，采用工业从业人数占城市就业总人数的比例作为工业主导型城市的分类指标，对 238 个总体样本进行单变量聚类，方法与处理过程同第一步，筛选出工业主导型城市。

第四步，首先将 238 个总体样本分为省会城市与非省会城市；其次，针对非省会城市，采用生产总值和城区人口两个指标（同时满足），进行多变量聚类分析，筛选出区域综合型城市；最后，将省会城市与聚类分析所得的区域综合型城市统一作为最终的区域综合型城市。

另外，由于城市的职能是一个动态的概念，随着时间的推进，城市本身或者外部环境发生变化，导致某些城市的职能可能会发生变迁（高宜程等，2008），故而在判断城市属性时需要考虑这一现实问题。据此，为了聚类结果的准确性与可靠性，本书分别使用 2003 年、2006 年、2009 年、2012 年的数据，重复上述步骤，分别得到四年的城市分类结果。综合资源型城市、工业主导型城市以及区域综合型城市四年的分类结果，将四年结果一致的样本，作为最终每类城市的样本。

第五步，将资源型城市、工业主导型城市与区域综合型城市从总体样本中列出，余下城市统一归类为其他类型城市。

另外，值得说明的是，其他类型城市与前三类城市之间的关系，可以用数学集合表达。假设总体样本采用集合 S 表示，资源型城市、工业主导型城市、区域综合型城市和其他类型城市分别采用集合 A、B、C、D 表示，则有下列关系，$S = A \cup B \cup C \cup D$，$D = \overline{A \cup B \cup C} = \overline{A} \cap \overline{B} \cap \overline{C}$，即

---

① 本书在城市名单初选中，还考虑了后续建设用地利用效率分析的需要，将建设用地数据缺失较多的城市，在此一并删除，例如上海市，由于缺失建设用地数据的年份较多，本书没有考虑。另外，需要说明的是，由于拉萨市的固定资产投资等数据缺失过多，本书也不考虑。

② 指标选取的原因将在分类指标中阐述。

③ 现有文献多采用平均值加一个标准差或者两个标准差作为标准，本书的标准是通过计算机根据数据特征，多次迭代后形成的判断标准，将在分类方法中详细阐述基本原理。

D 类是前三类子集之并集的补集，也即前三类子集各自补集之交集。

二　分类方法：K 均值聚类

聚类分析方法是常见的数据分析方法之一，主要应用于市场细分、用户细分等实践过程中，目前较为常用的主要有层次聚类法与 K 均值聚类法。利用聚类分析方法进行研究时，选取的指标在很大程度上决定了最终的聚类分析结果，无关变量往往会导致不合实际的聚类结果，因此，选取与研究目的相关的指标尤为重要。

层次聚类依据实际计算的方向差异，主要包括两种：一是合并层次聚类，二是分解层次聚类。两种方法计算方向相反，但计算基本原理几乎一致（张文彤、董伟，2013）。在实证分析中，主要采用主流的社会科学统计分析软件 SPSS，该软件中默认的是合并法。基本原理如下：假设有 m 个单元，每个单元作为一类，将所有单元都纳入聚类范围，基于选择的距离方法测算单元之间的距离，根据距离大小原则，选取距离最小的两个单元作为一类，然后将该新类与余下单元距离最小的单元合并。重复迭代上述过程，直至所有单元合并为一类，终止过程。上述过程的核心，简单而言，即"由多到一，逐层聚类"（黄中文等，2016）。

层次聚类法的优点在于，可以对变量或者样本进行聚类分析，变量既可以是连续型也可以是随机型，还可以根据具体研究问题，选择相应的距离衡量方法，满足研究的需要。

快速聚类分析法也称为 K 均值聚类法（薛微，2011），该方法将聚类单元抽象为 m 维空间上的点，同样以聚类单元之间的距离权衡单元之间的相似程度，在计算过程中舍弃了多个解，因此，执行效率相对较高。K 均值聚类分析法的操作流程如图 4-2 所示（刘莉莉，2015），关键步骤主要包括以下五步。

第一步，确定聚类类型（K）。在进行 K 均值聚类之前，需要根据研究问题确定聚类生成的类型数目，最终聚类结果基于给定类型数量而形成唯一解，这是与层次聚类显著不同的地方。

第二步，确定 K 个初始聚类中心点。在确定了聚类数量（K）后，需要选择聚类的初始类中心点。SPSS 软件为用户提供了两种方式：一是使用者给定方式。使用者事先准备好一个存有 K 个样本的 SPSS 数据文

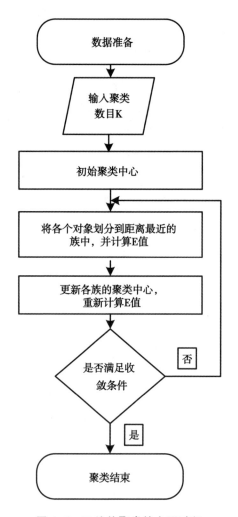

图 4-2　K 均值聚类的主要过程

件，这 K 个样本将作为 K 类的初始聚类中心点。二是系统自动方式。
SPSS 软件根据输入的数据特征甄选 K 个研究单元作为初始聚类中心点。

　　第三步，基于距离最短原则的聚类过程。逐次测算系统中的研究单
元到上述确定的中心点的欧氏距离；根据测算结果，结合集聚距离最短
的原则，将研究单元分成 K 类。

　　第四步，再次确定 K 类中心点。此次计算的标准不同于上文所述，
而是采用研究单元的均值作为聚类中心点。

　　第五步，判断是否已经满足终止聚类分析的条件。判断的标准主要

有两个：①迭代次数，当目前的迭代次数等于指定的迭代次数（SPSS 软件中默认为 10）时，终止聚类；②聚类中心点偏移程度，重新确定的聚类中心点距上次迭代所形成的聚类中心点的最大偏移量小于指定的量（SPSS 软件默认为 0.02）时，终止聚类。

梳理上述聚类步骤，我们发现，初始聚类中心点确定的差异对聚类结果产生一定影响，在实际分析过程中，为了提高快速聚类结果的稳定性与精确性，可以上调迭代次数或合理调整聚类中心点偏移量的判断标准。另外，在 SPSS 运行时，只要符合上述两个条件之一，即完成运算，否则返回到第三步。

综上所述，与层次聚类不同，K 均值聚类是一个反复迭代的分类过程。在聚类分析过程中，样本所属的类别会不断调整，直到最终达到稳定为止。

层次聚类分析与 K 均值聚类分析法的主要区别在于分类数是否确定，若分类数已经确定，则采用 K 均值聚类分析法比较合适。因此，结合本书城市类型划分的思路，选用 K 均值聚类分析法是合理的。

三　分类指标：从业结构与人口经济

城市分类指标主要依据城市从业结构、城区人口以及生产总值来确定，为了便于分析，参考已有研究成果（鲁春阳等，2011），将《中国城市统计年鉴》中的从业类型指标做以下处理。

如表 4-2 所示，由于城市主要是非农经济，因此删除了农林牧渔业；此外，将有些行业指标进行了合并，如将电力、燃气及水的生产和供应业、制造业合并为工业，这一合并主要是为了表述方便以及后续城市类型划分的便利性。本书将剔除农林牧渔业的剩余从业人数，作为城市从业人员的总数，将每类从业人数占城市从业人员总数的比例，定义为每类从业人员的就业比例。

由于资源型城市以资源开采为其特殊职能，本书采用采矿业从业人员比例指标来区分资源型城市；工业主导型城市以工业生产与加工为其主导职能，在数据可获取的情况下，本书选用了工业从业人员比例指标来区分工业主导型城市；区域综合型城市是人口和经济的高度集聚区，城区人口和经济总量应该显著高于其他城市，因此，本书选用城区人口和 GDP 两个指标来区分区域综合型城市。

由于《中国统计年鉴》从 2003 年开始，采用新的从业结构划分标准，为了避免数据统计口径前后不一致，本书将研究时间起点选为 2003 年。另外，为了保证分类结果不受某一年数据波动的影响以及考虑到相邻年份之间数据变化不大，本书每隔三年单独划分城市类型，即分别采用 2003 年、2006 年、2009 年、2012 年四年的数据，展开城市类型划分，比较四年的分类结果，选取结果一致的城市作为最终的研究样本，使研究结果更精确。城市从业人员数据来源于《中国城市统计年鉴》（2004、2007、2010、2013）。

表 4-2 城市从业人员结构划分

年鉴序号	行业	本书划分	本书序号
1	农林牧渔业	删除	—
2	采矿业	采矿业	1
3	制造业	工业	2
4	电力、燃气及水的生产和供应业		
5	建筑业	建筑业	3
6	交通运输、仓储及邮政业	交通运输、仓储及邮政业	4
7	信息传输、计算机服务和软件业	商贸服务业	5
8	批发零售业		
9	住宿、餐饮业		
10	金融业		
11	房地产业	房地产业	6
12	租赁和商业服务业	商贸服务业	5
13	科学研究、技术服务和地质勘查业	科教文卫业	7
14	水利、环境和公共设施管理业	公共服务业	8
15	居民服务和其他服务业		
16	教育	科教文卫业	7
17	卫生、社会保障和社会福利业		
18	文化、体育和娱乐业		
19	公共管理和社会组织	公共管理和社会组织	9

四　分类过程：依类推进

根据上述分析，本节将在资源型城市、工业主导型城市与区域综合型城市三类城市基础上进行划分。根据迭代的最优化思想，依据每个城市样本与聚类中心的距离判断其类别属性，每个城市与聚类中心的距离见附表1至附表3。

1. 资源型城市

依据分类思路以及分类方法，本书将四年最终的聚类中心结果汇总在表4-3中。

表 4-3　　　　　　　　　　　资源型城市的聚类中心

类别	聚类中心			
	2003 年	2006 年	2009 年	2012 年
Ⅰ类	38.91	42.80	40.85	40.39
Ⅱ类	1.89	2.28	2.12	2.04

注：Ⅰ类、Ⅱ类分别表示本书界定的资源型城市与非资源型城市。

2. 工业主导型城市

依据分类思路以及分类方法，本书将四年最终的聚类中心结果汇总在表4-4中。

表 4-4　　　　　　　　　　　工业主导型城市的聚类中心

类别	聚类中心			
	2003 年	2006 年	2009 年	2012 年
Ⅰ类	49.10	51.06	49.77	49.35
Ⅱ类	26.39	26.19	24.14	23.28

注：Ⅰ类、Ⅱ类分别表示本书界定的工业主导型城市与非工业主导型城市。

3. 区域综合型城市

依据分类思路以及分类方法，区域综合型城市划分主要包括两步，第一步，将省会城市以及直辖市单独列出，直接作为区域综合型城市，余下城市作为进一步分析的总体样本（209 个）；第二步，针对 209 个总体样本，展开聚类分析，将四年最终的聚类中心结果汇总在表4-5中。

表 4-5　　　　　　　　　　区域综合型城市的聚类中心

类别	聚类中心			
	2003 年	2006 年	2009 年	2012 年
Ⅰ类	(2.31, 3.79)	(2.31, 3.79)	(2.20, 3.27)	(2.17, 2.84)
Ⅱ类	(−0.13, −0.20)	(−0.12, −0.19)	(−0.15, −0.22)	(−0.19, −0.25)

　　注：为了消除两个数据指标之间的量纲差异，对原始数据进行标准化；括号中第一个数值代表城区人口指标，第二个数值是指生产总值指标；Ⅰ类、Ⅱ类分别表示本书界定的区域综合型城市与非区域综合型城市。

五　分类结果：四种类型

　　基于上述分析思路，将本书研究的 238 个地级及以上城市[①]，主要划分为资源型城市、工业主导型城市、区域综合型城市以及其他类型城市。汇总四年结果一致的城市，结果如表 4-6 所示。其中，资源型城市合计 23 个，以淮南、大庆等城市为代表；工业主导型城市合计 47 个，以张家口、包头等城市为代表；区域综合型城市[②]合计 38 个，主要以省会城市、直辖市为代表；未归入上述的，统一分为其他类型城市，合计 139 个。另外，共有 9 个城市同时属于两种类型。这一结果是符合现实的，原因在于采用分次分类的思路，只要城市符合本书中设定的指标体系与评判标准，就将其归属为该类城市，因此存在同一个城市满足多个条件的可能性。

　　为了进一步验证分类结果的准确性，本书参考现有国家认可名单以及相关研究结果，对比分析本书的城市类型划分结果。针对资源型城市而言，本书参考《全国资源型城市可持续发展规划（2013—2020 年）》[③]，对比国家资源型城市名单，本书中的资源型城市皆在上述范围之内。针

---

　　①　删除城市名称变动以及撤销的地级市。

　　②　省会城市和直辖市中删除了上海市和海口市，上海市缺失了 2005—2011 年的城市建设用地面积以及具体 9 类建设用地的详细数据，无法展开后续分析，因此删除了上海市；由于海口市特殊的地理位置，并参考了现有文献，本书没有直接将其列入区域综合型城市。

　　③　《全国资源型城市可持续发展规划（2013—2020 年）》（http://www.gov.cn/zwgk/2013-12/03/content_2540070.htm）中列出了资源型城市名单，具体城市见附表 4。

对工业主导型城市与区域综合型城市，本书对比了现有研究结果① （鲁
春阳等，2011；舒帮荣等，2014），差别不大。

表 4-6　　　　　　　　　　　　城市分类结果

城市类型	城市名称	合计（个）
资源型	大同、阳泉、乌海、阜新、盘锦、辽源、松原、鸡西、鹤岗、双鸭山、大庆⁺、七台河、淮南、淮北、枣庄、东营、平顶山、鹤壁、焦作、濮阳、六盘水、铜川、克拉玛依	23
工业主导型	天津*、保定、包头、大连*、鞍山、抚顺、营口、辽阳、葫芦岛、四平、齐齐哈尔、常州*、苏州*、镇江、泰州、宁波*、嘉兴、芜湖、马鞍山、铜陵、厦门*、泉州、景德镇、青岛*、淄博*、烟台、潍坊、威海、莱芜、德州、滨州、新乡、许昌、漯河、黄石、荆州、株洲、江门、肇庆、惠州、中山、攀枝花、绵阳、宜宾、宝鸡、嘉峪关、金昌	47
区域综合型	北京、天津*、石家庄、太原、呼和浩特、沈阳、大连*、长春、哈尔滨、大庆⁺、南京、无锡、常州*、苏州*、杭州、宁波*、合肥、福州、厦门*、南昌、济南、青岛*、淄博*、郑州、武汉、长沙、广州、东莞、南宁、重庆、成都、贵阳、昆明、西安、兰州、西宁、银川、乌鲁木齐	38
其他类型	余下城市	139

注：＋表示该市既属于资源型城市又属于区域综合型城市，共有 1 个；*表示该城市既属于工业主导型城市又属于区域综合型城市，共有 8 个。

需要说明的是，本书的研究目的在于分析不同类型城市的建设用地
利用效率问题，重点并非城市类型的精确划分，区域综合型城市、资源
型城市以及工业主导型城市三类城市的划分结果是较为典型的城市，划
分结果的数量和质量满足了本书研究的需要。另外，本书考虑了后续建
设用地利用效率分析的需要，针对后续建设用地数据不全的城市，在选
择分类总体样本时，已经将其剔除，例如上海市，实际参与分类结果属
于区域综合型城市之一，但由于其建设用地结构数据缺失过多，故将其
删除。总之，本节依据城市职能对城市类型划分的目的在于，为后续分
析提供研究样本，探究各类城市中的典型样本，重点考察前三类城市，

---

① 研究结果见附表 5。

而并非将每个地级市精确划分到某类城市之中。

第二节　城市建设用地利用特征分析

上文依据城市主导职能对城市类型做了区分。然而，不同类型城市的建设用地利用结构是否存在差异？若存在差异，又会呈现出怎样的规律呢？本节将围绕这些问题展开分析。

城市建设用地利用地方政府立足于城市土地利用总体规划，根据城市土地利用年度计划实施的土地利用行为，是实施城市土地管理方案的现实结果，反映出城市建设用地利用的内在发展机理。城市建设用地总量规模以及单项数量的调整，不仅能够反映城市面积扩张的速度与趋势，还可以体现城市职能的定位方向、城市公共设施建设水平、环境污染程度等。纵观国内外城市建设用地的历史变迁，都存在共同的规律，即在开展城市建设用地利用过程中，必须考虑城市职能的定位，结合城市的土地利用现状，立足于当前城市的产业结构以及今后产业发展规划，才能实现城市建设用地的可持续利用。从系统论的角度来看，城市建设用地结构调整的实质就是城市建设用地类型与职能的协调过程，这一进程的推进，是城市内外部人口、资本以及其他要素流动的结果（李江、郭庆胜，2002）。

一　异类异构

由于城市类型的不同，城市的用地结构存在差异。鉴于这一事实，本节将具体分析不同类型城市在用地结构上呈现的差异。

我国城市用地划分主要经历了三个阶段：①20 世纪 90 年代之前，城市用地主要划分为住宅用地、工业用地、商业用地以及文科教用地等几种城市用地；②1990 年出台城市用地分类标准（见附表 6）；③2011年出台城市用地分类标准（见附表 7）。正式规范城市建设用地的标准是1990 年中国建设部制定的《城市用地分类与规划建设用地标准》（GBJ137—90）。该标准一直沿用到 2011 年，实施了 19 年，为我国城市化发展做出了重要贡献。然而，随着中国城市的快速发展，城市职能的变迁，原有的城市用地分类标准已经不能满足社会发展的需求，因此，

2011 年中国住房与城乡建设部制定了《城市用地分类与规划建设用地标准》（GB 50137—2011）。

　　为了比较 2011 年前后统计口径的差异，本书梳理了两者之间的差异，并汇总如表 4-7 所示。① 从统计口径变化来看，居住用地和工业用地名称上前后没有发生变化，统计口径上变化甚微，可以忽略不计；公共设施用地以 2012 年开始，分解为公共管理与公共服务用地、商业服务业设施用地；其他几类用地都存在较大的差别；另外，居住用地、公共设施用地以及工业用地这三类用地占建设用地总量的 60% 以上。

　　据此，本书分两个时期考察建设用地利用特征：①2000—2011 年，分析所有建设用地的结构特征，统计口径采用 1990 年的标准；②2000—2014 年，主要分析居住用地、公共设施用地与工业用地三类用地的特征，原因在于这三类用地占建设用地总量的比例达到 60% 以上，另外，通过 2000—2011 年的分析结果，这三类用地存在显著的城市类型分异特征。统计口径采用组合的标准，即居住用地与工业用地还是采用统计年鉴中的统计数据；而公共设施用地，2012 年之前采用统计年鉴中的公共设施用地与特殊用地数量之和，2012 年及之后采用统计年鉴中的公共管理与公共服务用地、商业服务业设施用地两类用地数量的总和②。

表 4-7　　　　　　　　　　统计口径对比

编号	本书界定	名称		统计口径变化
		2012 年及之后	2012 年之前	
1	居住用地	居住用地	居住用地	2012 年及之后包括了中小学用地
2	公共设施用地	公共管理与公共服务用地	公共设施用地	2012 年之前包括了中小学用地；2012 年及之后包括了以批发为主的工业品市场用地
		商业服务业设施用地	特殊用地	
3	工业用地	工业用地	工业用地	基本一致
4	物流仓储用地	物流仓储用地	仓储用地	2012 年之前包括了以批发为主的工业品市场用地

---

① 由于特殊用地用途较为特殊，本书不做分析。
② 2011 年颁布了新分类标准，2012 年开始使用。

续表

编号	本书界定	名称		统计口径变化
		2012 年及之后	2012 年之前	
5	新交通设施用地	交通设施用地	对外交通用地	基本一致
			道路广场用地	2012 年之前包括了公共交通用地,2012 年及之后包括了公共活动广场用地
6	公用设施用地	公用设施用地	市政公用设施用地	2012 年及之后包括了公共交通用地、货运交通用地
7	绿地	绿地	绿地	2012 年及之后包括了公共活动广场用地

（一）2000—2011 年：1990 年国标

1. 静态角度：总体分析

本书分不同类型城市考察八类用地的基本情况，分析指标使用各类用地面积占建设用地总量的比例，具体结果如表4-8所示。

表4-8　　　　　　2000—2011 年各指标的描述性统计分析　　　　单位:%

土地类型	城市类型	平均值	标准差	最小值	最大值
居住用地	资源型	37.04	9.95	19.33	62.00
	工业主导型	27.39	5.18	15.00	47.04
	区域综合型	28.98	5.39	18.87	51.29
	其他类型	31.96	7.67	4.72	67.30
公共设施用地	资源型	10.88	5.20	0.41	22.77
	工业主导型	11.63	3.53	4.86	27.78
	区域综合型	13.30	4.50	1.75	27.23
	其他类型	12.77	4.51	0.86	29.69
工业用地	资源型	21.42	5.19	8.20	35.73
	工业主导型	26.61	6.24	11.04	47.79
	区域综合型	21.84	6.16	5.93	47.79
	其他类型	20.08	7.10	2.58	46.68
仓储用地	资源型	3.75	1.96	0.70	10.93
	工业主导型	4.01	1.91	0.33	10.37
	区域综合型	3.63	1.76	0.75	15.21
	其他类型	4.02	2.48	0.18	20.58

续表

土地类型	城市类型	平均值	标准差	最小值	最大值
对外交通用地	资源型	4.66	2.49	0.36	11.71
	工业主导型	5.14	2.91	0.10	16.24
	区域综合型	5.16	2.57	0.40	16.64
	其他类型	5.58	3.48	0.06	25.48
道路广场用地	资源型	9.52	2.86	2.79	16.75
	工业主导型	9.89	3.14	1.10	20.64
	区域综合型	10.54	3.69	0.15	23.17
	其他类型	9.87	3.59	1.43	26.96
市政公用设施用地	资源型	3.24	1.65	0.23	8.55
	工业主导型	3.40	1.51	0.49	9.38
	区域综合型	3.95	2.84	0.78	17.01
	其他类型	3.56	2.01	0.29	14.90
绿地	资源型	8.17	3.84	1.31	21.34
	工业主导型	9.97	5.42	0.81	35.74
	区域综合型	9.78	4.55	1.10	29.61
	其他类型	9.76	6.56	0.20	46.26

　　由表4-8可知：①总体而言，不同类型城市的居住用地、公共设施用地、工业用地分别占建设用地总量的比例差距较大；相对而言，其他地类的结构比值差距较小。②分不同地类来看，一是就居住用地占建设用地总量的比例均值而言，四类城市之间存在显著差异（显著性检验如表4-9所示），比例均值从高到低依次为资源型城市、其他类型城市、区域综合型城市和工业主导型城市。资源型城市的居住用地比例均值显著高于另外三类城市，原因可能在于该类城市主要以劳动密集型产业为主，导致劳动力对住房的需求增加，需要提供更多的居住用地用于建造住房，满足居住的需要；另外，资源型城市可能容积率较低，居住用地集约度较低。[①] 二是就公共设施用地占建设用地总量的比例而言，不同类型城市之间存在显著差异，比例均值从高到低依次为区域综合型城市、

---

① 书中所提的两点原因可能需要在今后的研究中进一步证实。

其他类型城市、工业主导型城市和资源型城市。这一结果基本符合实际，区域综合型城市是人口与经济集聚区，城市属性促使城市提供更高水平的公共设施服务，需要更多的公共设施用地支撑。三是就工业用地占建设用地总量的比例来看，不同类型城市之间同样存在显著差异，比例均值从高到低依次为工业主导型城市、区域综合型城市、其他类型城市和资源型城市。工业主导型城市以工业生产与加工为主导产业，工业用地需求相比另外三类城市要多，因而工业主导型城市的指标均值远远高于另外三类市。四是从其他几种用地来看，仓储用地、对外交通用地、道路广场用地、市政公用设施用地、绿地等这几类用地尽管不同类型城市之间存在差异，但差异不大。

综上所述，居住用地、公共设施用地以及工业用地这三类用地分别占建设用地总量的比例，不同类型城市之间差异较大，而另外五类用地差异相对较小。

表 4-9　　　　　　　　　　　　　　均值 T 检验

城市类型	居住用地				公共设施用地				工业用地			
	A	B	C	D	A	B	C	D	A	B	C	D
A	—	10 ***	8 ***	5 ***	—	1 ***	2 ***	2 ***	—	5 ***	0	1 ***
B	10 ***	—	1 ***	4 ***	1 ***	—	1 ***	1 ***	5 ***	—	5 ***	6 ***
C	8 ***	1 ***	—	3 ***	2 ***	1 ***	—	0	0 ***	5 ***	—	2 ***
D	5 ***	4 ***	3 ***	—	2 ***	1 ***	0	—	1 ***	6 ***	2 ***	—

注：城市类型 A、B、C、D 分别表示资源型、工业主导型、区域综合型、其他类型四种类型城市；数字表示两类城市的地类占比均值的差值，单位为%；*** 在 1% 的水平下显著。

2. 动态角度：时间维度

为了进一步分析不同类型城市建设用地利用在时间维度上的特征，分别考察八类用地分别占建设用地总量的比例在时间维度上的变化趋势。

第一，居住用地占建设用地总量的比例。由表 4-10 可知，资源型城市居住用地比例显著高于另外三类城市，区域综合型城市与工业主导型城市相差不大。资源型城市表现出的显著特征，原因前文已做解释。工业主导型城市工业相对发达，环境污染严重，居民在其居住的意愿较弱；区域综合型城市居住比例整体不高的原因在于，该类城市地价较高，土地资源稀缺，住宅多以小高层或者高层建筑为主，容积率较高。

表 4-10　　　　2000—2011 年各类城市的居住用地比例　　　　单位:%

年份	资源型	工业主导型	区域综合型	其他类型
2000	38.24	27.00	28.93	31.55
2001	37.06	27.19	28.86	31.73
2002	36.99	27.64	29.14	31.52
2003	37.94	27.47	28.76	32.14
2004	37.51	27.38	28.28	31.96
2005	36.96	27.42	28.70	32.28
2006	36.88	26.77	28.62	31.86
2007	36.78	27.34	29.17	32.04
2008	36.38	27.03	28.76	32.08
2009	35.85	27.63	29.30	32.09
2010	37.37	27.88	29.48	32.11
2011	36.48	27.88	29.74	32.20

　　第二，公共设施用地占建设用地总量的比例。由表 4-11 可知:①各类城市的整体趋势较为平稳，年份之间波动不大。②分城市类型来看，区域综合型城市高于另外三类城市。③分时间段来看，2000—2004 年，区域综合型与资源型城市有逐步增长的趋势，而工业主导型城市有缓慢下滑的趋势;另外，在此期间，工业主导型城市高于资源型城市。2004—2011年，区域综合型城市在保持总体平稳的情况下，有缓慢下滑的趋势;工业主导型与资源型城市波动不大，并且差异逐渐缩小。

表 4-11　　　　2000—2011 年各类城市的公共设施用地比例　　　　单位:%

年份	资源型	工业主导型	区域综合型	其他类型
2000	9.44	11.66	12.13	11.76
2001	9.74	11.58	12.66	12.29
2002	9.84	11.74	13.07	12.52
2003	10.76	11.72	13.52	12.67
2004	10.80	11.62	14.12	12.63
2005	10.84	11.45	13.65	12.70

续表

年份	资源型	工业主导型	区域综合型	其他类型
2006	11.17	11.52	13.89	13.30
2007	11.04	11.80	13.46	13.27
2008	11.25	11.73	13.33	13.30
2009	12.15	11.84	13.24	13.11
2010	12.03	11.38	13.38	13.02
2011	11.47	11.47	13.15	12.66

第三，工业用地占建设用地总量的比例。由表4-12可知：①整体而言，各类城市的指标值在波动中下降，这说明随着城市发展，城市产业经济逐步从以第二产业为主向以第三产业为主发展；②分不同类型城市而言，工业主导型城市以工业生产与加工为主导职能，工业用地比例显著高于另外三类城市，平均高出4个百分点左右；③区域综合型城市、资源型城市以及其他类型城市三类城市之间的差异相对较小。

表4-12　　　　　　　　2000—2011年各类城市的工业用地比例　　　　单位：%

年份	资源型	工业主导型	区域综合型	其他类型
2000	23.22	27.28	22.42	21.38
2001	22.69	27.06	22.01	20.65
2002	22.34	26.65	22.29	20.39
2003	21.28	26.33	21.74	20.27
2004	21.68	26.92	21.98	20.17
2005	22.27	26.64	22.21	19.67
2006	21.40	26.56	21.79	20.04
2007	21.27	26.55	22.02	19.91
2008	21.41	26.84	21.77	19.83
2009	21.06	26.05	21.59	19.74
2010	19.48	26.08	21.29	19.45
2011	18.91	26.32	20.93	19.47

第四，绿地占建设用地总量的比例。由表4-13可知：①整体而言，各类城市绿地比例均值是在波动中上升，这说明随着城市发展，城市越

来越注重生态建设；②分不同类型城市而言，资源型城市绿地比例均值低于另外三类城市，低出约 2 个百分点；③区域综合型城市、工业主导型城市以及其他类型城市之间的差异相对较小。

表 4-13　　　　　　　　　　2000—2011 年各类城市的绿地比例　　　　　单位：%

年份	资源型	工业主导型	区域综合型	其他类型
2000	7.13	8.51	8.55	8.84
2001	7.61	9.17	8.72	8.95
2002	7.97	8.99	8.61	9.29
2003	7.75	9.56	9.52	9.25
2004	7.98	9.40	9.81	9.41
2005	7.78	9.90	9.90	9.90
2006	8.02	10.58	10.02	9.73
2007	8.46	10.48	10.18	9.81
2008	8.71	10.63	10.78	10.24
2009	8.60	10.64	10.45	10.26
2010	8.59	10.82	10.37	10.52
2011	9.47	11.00	10.47	10.94

　　第五，仓储用地占建设用地总量的比例。由表 4-14 可知：①整体来看，各类城市仓储用地占建设用地总量的比例呈现下降趋势，下降约 1 个百分点；②分不同类型城市来看，各类城市之间的差异很小，控制在 1 个百分点以内。

表 4-14　　　　　　　　　　2000—2011 年各类城市的仓储用地比例　　　　单位：%

年份	资源型	工业主导型	区域综合型	其他类型
2000	4.50	4.83	4.60	4.94
2001	4.49	4.66	4.41	4.85
2002	4.40	4.48	3.99	4.69
2003	4.13	4.25	3.90	4.55
2004	3.85	4.20	3.93	4.34
2005	3.44	3.83	3.69	4.19
2006	3.54	3.81	3.36	3.79

年份	资源型	工业主导型	区域综合型	其他类型
2007	3.42	3.71	3.20	3.64
2008	3.35	3.68	3.21	3.39
2009	3.43	3.65	3.10	3.24
2010	3.24	3.48	2.95	3.30
2011	3.20	3.52	3.26	3.27

第六，对外交通用地占建设用地总量的比例。由表4-15可知：①总体来看，四类城市对外交通用地比例呈现逐年下降的趋势，下降1—2个百分点；②分城市类型来看，城市之间的差异很小。2000—2005年，资源型城市与另外三类城市相差比较大，最大相差约2个百分点；2005—2011年，四类城市之间的差异逐步缩小。

表4-15　　　　　**2000—2011年各类城市的对外交通用地比例**　　　　单位：%

年份	资源型	工业主导型	区域综合型	其他类型
2000	4.68	6.24	6.62	6.43
2001	5.06	6.11	6.50	6.31
2002	4.93	5.87	5.72	6.07
2003	5.09	5.85	5.36	5.78
2004	4.96	5.72	5.12	5.75
2005	5.04	5.30	5.05	5.76
2006	4.69	4.60	4.79	5.44
2007	4.69	4.61	4.43	5.40
2008	4.47	4.52	4.55	5.23
2009	4.27	4.37	4.77	5.04
2010	3.94	4.37	4.66	4.85
2011	4.06	4.09	4.36	4.87

第七，道路广场用地占建设用地总量的比例。由表4-16可知：①总体来看，道路广场用地呈现逐年上升的趋势，上升约3个百分点；②分城市类型来看，城市之间的差异很小，差异最大不超过2个百分点。

表 4-16　　　　　2000—2011 年各类城市的道路广场用地比例　　　单位:%

年份	资源型	工业主导型	区域综合型	其他类型
2000	7.84	8.69	9.01	8.41
2001	8.37	8.43	9.23	8.48
2002	8.33	9.06	9.95	8.90
2003	8.35	9.31	9.88	9.16
2004	8.59	9.40	10.06	9.48
2005	9.13	10.13	10.07	9.47
2006	9.88	10.61	10.97	10.11
2007	9.98	10.31	11.08	10.29
2008	10.01	10.40	11.18	10.54
2009	10.45	10.72	11.37	11.03
2010	11.15	10.97	11.65	11.40
2011	12.13	10.70	12.01	11.22

第八，市政公用设施用地占建设用地总量的比例。由表 4-17 可知，市政公用设施用地占城市建设用地总量的比例很小，平均不超过 4 个百分点，且波动范围非常小，城市类型之间的差异不大，最大不超过 1 个百分点。

表 4-17　　　　　2000—2011 年各类城市的市政公用设施用地比例　　　单位:%

年份	资源型	工业主导型	区域综合型	其他类型
2000	3.30	3.50	3.90	3.62
2001	3.30	3.54	4.21	3.75
2002	3.35	3.52	4.12	3.83
2003	3.27	3.46	4.06	3.63
2004	3.37	3.49	3.77	3.71
2005	3.22	3.38	3.95	3.72
2006	3.13	3.51	3.84	3.48
2007	3.11	3.26	3.86	3.48
2008	3.27	3.30	3.90	3.36
2009	3.09	3.29	3.89	3.37
2010	3.21	3.29	3.95	3.36
2011	3.27	3.33	3.91	3.45

基于上述分析，2000—2011 年，不同类型城市主要在居住用地、公共设施用地、工业用地三类用地上，存在明显的差异；而其他几种用地类型，不同类型城市之间差异不明显。

（二）2000—2014 年：组合标准

基于上述分析，我们发现 2000—2011 年，不同类型城市的居住用地、公共设施用地、工业用地三类用地分别占建设用地总量的比例，存在明显差异。本节主要分析这三类用地在 2000—2014 年的城市分异特征；前文已经对统计数据的口径做了说明，不再赘述。

1. 居住用地占建设用地总量的比例

由表 4-18 可知，2000—2014 年，居住用地占建设用地总量的比例同样呈现出显著的城市类型分异特征，变化趋势与 2000—2011 年基本一致，这也说明了居住用地的统计口径前后变化不大。

表 4-18　　　　　　　2000—2014 年各类城市的居住用地比例　　　　单位：%

年份	资源型	工业主导型	区域综合型	其他类型
2000	37.56	27.00	28.93	31.55
2001	37.06	27.19	28.86	31.77
2002	36.99	27.62	28.96	31.43
2003	37.94	27.47	28.58	32.32
2004	37.51	27.36	28.28	32.08
2005	36.96	27.42	28.70	32.37
2006	36.88	26.77	28.62	31.86
2007	36.78	27.34	29.17	32.04
2008	36.38	27.03	28.76	32.08
2009	35.85	27.63	29.30	32.09
2010	37.37	27.88	29.48	32.11
2011	36.48	27.88	29.80	32.20
2012	36.60	28.66	31.14	31.99
2013	36.79	28.75	31.40	31.61
2014	36.75	28.78	30.46	31.62

2. 公共设施用地占建设用地总量的比例

由表4-19可知，2000—2014年公共设施用地占建设用地总量的比例同样呈现出显著的城市类型分异特征，基本趋势与在1990年国标下2000—2011年的情况基本一致，这也说明了2011年之前公共设施用地近似等于2011年之后的公共管理与公共服务用地、商业服务业设施用地两类用地的总和。

表4-19　　　　2000—2014年各类城市的公共设施用地比例　　　　单位:%

年份	资源型	工业主导型	区域综合型	其他类型
2000	11.60	13.94	15.98	14.83
2001	11.43	13.83	16.05	15.30
2002	11.69	13.80	16.10	15.35
2003	12.18	13.78	16.69	15.18
2004	12.06	13.46	17.04	15.23
2005	12.16	13.41	16.42	15.12
2006	12.47	13.56	16.60	15.56
2007	12.31	13.75	16.05	15.43
2008	12.41	13.59	15.85	15.33
2009	13.25	13.64	15.54	15.22
2010	13.04	13.11	15.65	15.01
2011	12.48	13.16	15.48	14.59
2012	14.72	13.80	16.57	15.44
2013	14.46	14.11	16.56	15.39
2014	14.20	14.12	16.87	15.39

3. 工业用地占建设用地总量的比例

由表4-20可知，2000—2014年工业用地占建设用地总量的比例同样呈现出显著的城市类型分异特征，基本趋势与在1990年国标下2000—2011年的情况基本一致，工业用地统计口径在2011年前后基本一致。另外，四类城市都呈现出工业用地占比指标随着时间的变化，逐渐递减的规律。说明随着经济的发展，工业逐渐向服务业等第三产业转移。

表 4-20 　　　　　　2000—2014 年各类城市的工业用地比例　　　　　　单位:%

年份	资源型	工业主导型	区域综合型	其他类型
2000	23.39	27.28	22.42	21.38
2001	22.69	27.06	22.01	20.53
2002	22.34	26.73	22.19	20.32
2003	21.28	26.33	21.64	20.22
2004	21.68	26.90	21.98	20.06
2005	22.27	26.64	22.21	19.58
2006	21.40	26.56	21.79	20.04
2007	21.27	26.55	22.02	19.91
2008	21.41	26.84	21.77	19.83
2009	21.06	26.05	21.59	19.74
2010	19.48	26.08	21.29	19.45
2011	18.91	26.32	20.95	19.47
2012	19.29	26.14	20.97	19.30
2013	19.08	25.71	20.61	19.35
2014	18.78	25.34	20.64	19.17

　　基于上述从 2000—2011 年与 2000—2014 年两个时间段对各类建设用地占建设用地总量的比例分析来看，呈现出以下几个基本特征。①纵向比较，即时间趋势上，不同类型城市各类用地占建设用地总量的比例变化不大，变化幅度多数控制在 2 个百分点，少数在 3 个百分点。②横向比较，即不同类型城市之间的差异，主要表现在居住用地、公共设施用地与工业用地，这三类用地呈现出显著的城市类型分异特征。因此，本书在后续分析建设用地利用效率影响因素时，采用居住用地、公共设施用地、工业用地分别占建设用地总量的比例作为建设用地利用结构的代理变量。

二　梯度差异

　　本书通过分析建设用地利用的均衡程度发现，不同类型城市之间存在梯度差异，并且这种差异有收敛趋势。

　　借鉴信息熵的基本理论，分析建设用地利用均衡度。熵的定义源于热力学，是指系统可能状态数的对数值，称为热熵。它是用来表达分子状态杂乱程度的一个物理量，而信息论中将其定义为随机变量无约束的一种变量（Shannon，1948）。随着土地研究的需要，信息熵理论逐步应用到分析土地利用结构上（陈彦光、刘继生，2001；司慧娟等，2016；任国平等，2016）。基于 Shannon-Weaner 对信息熵（H）的定义，城市建设用地利用结构的信息熵的计算公式表述如下：

$$H = -\sum_{i=1}^{n} p_i \ln(p_i) \qquad (4-1)$$

其中，$p_i = s_i/s$，s_i 表示城市建设用地结构中某种地类的数量，s 表示城市建设用地的总量，p_i 表示第 i 种地类占城市建设用地的比例，H 表示某个城市土地利用结构的信息熵。熵值越大，说明建设用地利用均衡度越高，即各类单项用地分配越均衡。

依据上述计算公式，分别计算四类城市在 2000—2011 年的建设利用结构信息熵，结果如图 4-3 所示。

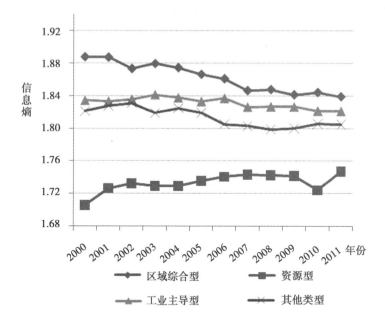

图 4-3　2000—2011 年各类城市建设用地利用结构信息熵均值

由图 4-3 可知，①整体而言，各类城市建设用地利用结构的均衡度在时间序列上变化不大。②分不同类型城市而言，区域综合型城市的 H 值高于另外三类城市，说明区域综合型城市的建设用地利用结构相对其他城市，各类用地面积相差较小，均衡度最高；资源型城市的 H 值明显

低于另外三类城市，说明该类城市的土地利用均衡程度最低，各类用地
面积相差较大。

第三节　本章小结

本章主要讨论两个问题：一是依据城市职能对城市类型进行分类，
主要划分出城市职能较为稳定的资源型城市、工业主导型城市和区域综
合型城市三种类型；二是在城市类型划分的基础上，深入剖析不同类型
城市的建设用地利用结构特征。针对第一个问题，本章主要从动态角度，
甄选合适的指标，采用单变量与多变量相结合的聚类分析方法，分别获
得 2003 年、2006 年、2009 年、2012 年的城市类型划分结果，综合四年
的聚类结果，参考现有学者研究成果以及国家认可的城市名单，选取城
市类型稳定的样本作为最终的聚类结果。针对第二个问题，本章结合第
一个问题的研究结果，分组考察了城市建设用地利用特征，结果显示，
不同类型城市的建设用地结构存在显著差异：①总体而言，居住用地、
公共设施用地、工业用地、绿地分别占建设用地总量的比例存在显著的
城市类型分异特征，而其他几种地类差异不大。②分地类来看，就居住
用地占建设用地总量的比例而言，指标均值从高到低依次为资源型城市、
其他类型城市、区域综合型城市和工业主导型城市；就公共设施用地占
建设用地总量的比例而言，指标均值从高到低依次为区域综合型城市、
其他类型城市、工业主导型城市和资源型城市；就工业用地占建设用量
总量的比例而言，指标均值从高到低依次为工业主导型城市、区域综合
型城市、其他类型城市和资源型城市。③从建设用地利用均衡度来看，
从高到低依次为区域综合型城市、工业主导型城市、其他类型城市和资
源型城市。这一结果初步验证了本书从城市类型差异性视角探析建设用
地利用效率的必要性与合理性。

第五章　城市建设用地利用效率的测算

由于城市类型存在差异性，在建设用地利用效率测算过程中，不能简单地采用统一标准，需要考虑城市之间的差异性。正如第三章的分析结论，建设用地利用存在显著的城市类型分异特征。因此，本章首先借助数据包络分析阐述建设用地利用效率的内涵，并进一步完善城市建设用地利用效率评价指标体系；其次，在考虑城市类型存在差异性的情况下，利用 SBM 非期望产出模型和共同前沿模型，并将非期望性产出纳入上述建设用地利用效率评价模型之中，考察共同前沿、群组前沿下不同类型城市的建设用地利用效率；最后，对比分析共同前沿与群组前沿下的建设用地利用效率及其演变特征，验证在考虑城市类型存在差异性的情况下分析建设用地利用效率的科学性与合理性。

第一节　数据包络分析与建设用地利用效率

数据包络分析是一种非参数分析方法，基本原理是基于参与讨论的所有决策单元的生产情况，利用线性规划方法拟合出生产前沿面，计算其他决策单元相对于最优前沿面效率，所以所得效率是相对效率值而非绝对效率值。DEA 模型可以分为两种，一种是基于规模报酬不变的 CCR 模型，一种是基于规模报酬可变的 BBC 模型。CCR 模型是由 Charnes、Cooper 和 Rhodes 所提出，并以三人名字命名（Charnes et al.，1978）；BCC 模型是由 Banker、Charnes 和 Cooper 提出的，同样以三人名字命名（Banker et al.，1984；Charnes et al.，1985）。BCC 模型消除了 CCR 模型的规模报酬不变的限定，它测度的是决策单元的综合效率，综合效率又可以分解为技术效率和规模效率。随后，Färe 和 Grosskopf（1985）提出了基于规模收益非递增的 FG 模型（Färe and Grosskopf, 1985），Seiford 和 Thrall（1990）设计出基于规模收益非递减的 ST 模型（Seiford and Thrall, 1990）。

基于上述分析，诠释 DEA 的一般原理。假定待测单位[1]（部门、地区、学校等）共有 n 个，每个单位即为决策单元（DMU, Decision Making Units），标注为 DMU_j（j = 1, 2, …, n）；假设每个单位皆有 m 种投入和 s 种产出，分别记为 x_{ij}（i = 1, 2, …, m）、y_{rj}（r = 1, 2, …, s），投入与产出的权重分别记为 v_i（i = 1, 2, …, m）和 u_r（r = 1, 2, …, s）。那么，第 j 个决策单元的技术效率（产出投入比）为：

$$h_j = \frac{\sum_{r=1}^{s} u_r y_{rj}}{\sum_{i=1}^{m} v_i x_{ij}} \tag{5-1}$$

基于投入角度的 CCR 模型，构建线性规划模型如下：

$$\begin{cases} \min = \theta^x \\ \text{s. t. } \sum_{j=1}^{n} x_j \lambda_j + s^- = \theta x^0, \ \sum_{j=1}^{n} y_j \lambda_j - s^+ = y^0, \ \lambda_j \geq 0, \ s^-, \ s^+ \geq 0 \end{cases} \tag{5-2}$$

式（5-2）中，s^- 和 s^+ 表示要素的松弛变量向量，分别表示投入冗余和产出的不足量，θ 表示技术效率（TE），线性规划的最优解即为该决策单元的技术效率。

探讨技术效率的结构，引入约束条件式（5-3），能够得到规模报酬可变的 BCC 模型，该模型的最优线性规划值为技术效率的一个分解量：纯技术效率，记为 σ。

$$\begin{cases} \min = \theta^x \\ \text{s. t. } \sum_{j=1}^{n} x_j \lambda_j + s^- = \theta x^0, \ \sum_{j=1}^{n} y_j \lambda_j - s^+ = y^0, \ \sum_{j=1}^{n} y_j = 1 \\ \lambda_j \geq 0, \ s^-, \ s^+ \geq 0 \end{cases} \tag{5-3}$$

规模效率最优值为 ρ，则 $\theta = \rho \cdot \sigma$。两模型的结果分析根据以下

---

[1] 单位之间必须可以比较。

原则：

（1）当 θ（σ）= 1，且 s⁻=s⁺=0 时，该 DMU 称为 DEA 有效；在所有评价单元中，处于效率最优状态，即投入产出比最大。

（2）当 θ（σ）= 1，且 s⁻≠0 或 s⁺≠0 时，该 DMU 称为 DEA 弱有效；在所有评价单元中，该决策单元存在投入冗余或者产出不足。

（3）当 θ（σ）<1，该 DMU 称为 DEA 无效。

借助上述数据包络分析方法的思想来阐述建设用地利用效率的含义。参考已有研究成果，本书将全要素建设用地利用效率定义为在城市单元生产处于最优技术效率状态下，产出既定时建设用地的最小投入量与实际建设用地使用量的比值。即如图 5-1 所示，假设第 i 个城市位于 E 点，建设用地实际投入为 OS，最小投入量为 OQ，那么，全要素建设用地利用效率可以定义为：

$$TE = OQ/OS = (\omega_1 - \omega_2 - \omega_3)/\omega_1 \qquad (5-4)$$

式中，TE 表示建设用地利用效率，ω_1、ω_2、ω_3 分别表示建设用地的实际投入量、比例改进值、松弛改进值。[①] 效率值取决于最优前沿面上最小建设用地投入量，即在保证其他投入要素不变的前提下由产出边界 Y（前沿面）决定。

为了进一步说明城市建设用地利用过程中是否存在松弛改进的空间，对图 5-1 进行深入考察。假设某个城市单元位于 F 点，则建设用地投入不存在松弛改进，而其他要素存在松弛改进。总之，要素投入是否冗余取决于决策单元在前沿面上的投影，若投影点落于 DC 射线上，建设用地投入存在松弛改进；若落于 BD 段上，各要素不存在松弛改进；若落于 BA 射线上，其他要素投入存在松弛改进。

根据上述效率的测度示意图，测算过程主要分两步：第一步，确定前沿面，计算建设用地的投入冗余值；第二步，根据冗余值，计算建设用地利用效率。

---

① 具体在应用软件计算过程中，直接计算出建设用地松弛变量，该变量值包括比例改进与松弛改进两部分。

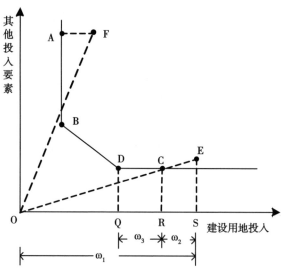

图 5-1　建设用地利用效率的测算

第二节　测算方法：SBM 非期望产出模型与共同前沿模型

一　SBM 非期望产出模型

SBM（Slack Based Measure）模型是由 Tone Kaoru（2001）提出的，该模型同时从投入和产出两个角度对无效率状况进行计算，解决了径向模型对无效率的计算中没有考虑松弛变量的问题。另外，由于城市在生产中，不仅产生了期望性产出，同样伴随着一些非期望性产出（如环境污染），因此，在考察城市建设用地利用效率时，需要考虑这一现实问题。SBM 非期望产出模型是在 SBM 模型基础上演化而来，能够同时解决上述两个问题，模型公式为：

$$\rho^* = \min \frac{1 - \dfrac{1}{m} \sum_{i=1}^{m} \dfrac{s_i^-}{x_{i_0}}}{1 + \dfrac{1}{s_1 + s_2} \left(\sum_{r=1}^{s_1} \dfrac{s_r^g}{y_{r_0}^g} + \sum_{r=1}^{s_2} \dfrac{s_r^b}{y_{r_0}^b} \right)}$$

$$\text{s. t.} \quad x_0 = X\lambda + s^-$$
$$y_0^g = Y^g\lambda - s^g \qquad\qquad (5-5)$$
$$y_0^b = Y^b\lambda + s^b$$

$$s^- \geq 0, \ s^g \geq 0, \ s^b \geq 0, \ \lambda \geq 0$$

式中，ρ^* 表示被评价单元的效率值；X、Y^g、Y^b 分别指每年各个地级市的投入、期望性产出与非期望性产出向量；s^-、s^g 和 s^b 分别表示投入、期望性产出与非期望性产出的松弛变量；下标 0 表示待求的某个决策单元；λ 是权重向量。当且仅当 $s^- = 0$，$s^g = 0$，$s^b = 0$，即 $\rho^* = 1$，此时决策单是有效的；而当 s^-、s^g 和 s^b 三者中至少有一个不为零，即 $\rho^* < 1$，此时决策单是无效的，即投入产出存在改进的空间。

二　共同前沿模型

由于城市类型存在差异，各类城市之间土地利用技术和水平存在不同程度的差别，不同类型城市所面对的生产前沿是有区别的；此时若不考虑这些差异，仍然采用所有地级市作为总体样本进行建设用地评价，将无法准确评估各城市的建设用地利用情况。然而，Battese 等（2002）提出的共同前沿模型能够解决上述问题。

共同前沿模型涉及的共同前沿面是所有决策单元的潜在技术水平，而每个群组参照的是各自群组的前沿面，主要区别在于，各自所参照的技术集合不同（李静、马潇璨，2014）。基于此，前文已经将城市划分为区域综合型城市、资源型城市、工业主导型城市以及其他类型城市；此外，经过细致分析发现，不同类型城市的自然资源、产业结构、建设用地结构均存在明显差异，而同类城市内部差异较小，说明了分类考察建设用地利用效率的合理性。接下来，本书以四类城市为研究对象，在考虑非期望产出情况下构建共同前沿模型，共同前沿与群组前沿如图 5-2 所示，具体的数学公式表达如下。

假设 x、y^g、y^b 分别表示投入、期望性产出与非期望性产出向量，若包络所有样本的投入，其产出共同边界技术集合（T^m）为：

$$T^m = \{(x, y^g, y^b): x \geq 0, \ y^g \geq 0, \ y^b \geq 0; \ x \text{能够生产出} (y^g, y^b)\}$$
$$(5-6)$$

式（5-6）中对应的生产可能性集为：

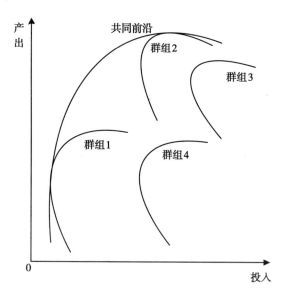

图 5-2　共同前沿与群组前沿

$$P^m(x) = \{(y^g, y^b): (x, y^g, y^b) \; T^m\} \qquad (5-7)$$

其边界即为共同前沿下的边界。据此，共同技术效率的共同距离函数可以表示为：

$$D^m(x, y^g, y^b) = \sup_\lambda \{\lambda > 0: (x/\lambda) \in P^m(y^g, y^b)\} \quad (5-8)$$

同理，本书依据城市职能差异性将城市划分为四大群组（k = 1，2，3，4），每个城市参照的是所在群组的技术集合：

$$T^k = \{(x_k, y_k^g, y_k^b): x_k \geq 0, y_k^g \geq 0, y_k^b \geq 0; x_k \text{ 可以生产}(y_k^g,$$
$$y_k^b)\}, k = 1, 2, 3, 4 \qquad (5-9)$$

相对应的各组群的生产可能性集可以定义为：

$$P^k(x_k) = \{y: (x_k, y_k^g, y_k^b) \in T^k\}, k = 1, 2, 3, 4 \quad (5-10)$$

其边界即为群组前沿下的边界。据此，群组技术效率的群组距离函数可以表示为：

$$D^k(x_k, y_k^g, y_k^b) = \sup_\theta \{\theta > 0: (x_k/\theta) \in P^k(y_k^g, y_k^b)\} \quad (5-11)$$

上述共同前沿与群组前沿下的距离函数将依据式（5-5）所描述的 SBM 非期望产出模型进行计算所得。

根据前文对建设用地利用效率的定义，将建设用地投入量及其松弛变量分别记作 X_1 和 S_1^-，则共同前沿下的建设用地利用效率为 $TE_1^m =$

（$X_1^m - S_1^{-m}$）/X_1^m，不同群组下的建设用地利用效率为 TE_1^k =（$X_1^k - S_1^{-k}$）/ X_1^k（k = 1，2，3，4）。同理，将建设用地利用的技术落差定义为 DAV = | $TE_1^m - TE_1^k$ | 。如果 TE_1^m 与 TE_1^k 在均值上存在显著差异，或者 DAV 显著大于 0，则说明依据城市类型差异性分类考察建设用地利用效率是合理的。

第三节　投入产出指标体系

由于城市的资源是稀缺的，如劳动力、土地、资本、能源，因此城市在生产之前，需要对资源的配置做出决策，决定生产什么、生产多少以及如何生产等一系列问题。评价资源配置效率的高低，需要分析要素的投入产出比。投入是指生产过程中需要使用的物品或劳务，产出是生产过程中生产出的各种物品或劳务，投入是因，产出是果。根据经济学原理，投入主要包含三大基本的生产要素，即土地、资本和劳动力，本书投入指标主要围绕三个方面来选取。产出指标的选取相对比较复杂，本书主要从经济产出、社会产出与环境产出三个方面来考虑。

无论是共同前沿还是群组前沿模型，其所得结果都与评价指标体系息息相关。科学合理选择评价指标体系，显得尤为重要。参考已有研究成果（张兴榆等，2008；邵挺等，2011；林本喜、邓衡山，2012；张明斗、莫冬燕，2014；张军涛等，2014；文贯中、柴毅，2015；杨怀宇、杨正勇，2015；张荣天、焦华富，2015），并结合本书研究目的，构建如下投入产出指标体系。

一　投入指标体系

1. 土地投入

土地是一切生产活动的基础。本书以城市作为基本研究单元，城市土地是基本的生产要素之一，而反映城市土地数量的统计指标主要有两种，一种是城市建设用地面积，另一种是城市建成区面积。两者区别在于，后者不仅包括城市建设用地，还包括非建设用地，如河流、小块农田等（袁利平、董黎明，2001）。由于有些城市内河流、小丘等非建设用地较多，导致建成区面积统计结果差别较大，根据本书的研究目的，选用城市建设用地面积作为土地投入数量，城市单元之间更具有可比性。

2. 资本投入

在全要素生产率、效率分析过程中，资本投入是基础性指标之一。同样，在城市建设用地利用过程中，除了土地和劳动力投入之外，资本也是一个重要投入要素。通常资本投入采用资本存量度量，结合数据的可获取性，本书采用永续盘存法计算得到的资本存量作为资本投入。

3. 劳动力投入

劳动力有广义与狭义之分，广义上多指所有人口，狭义上是指具备从事劳动能力的人群，显然，本书将其界定为后者较为合适。由于本书研究的城市范围界定为城市市辖区，而市辖区的经济生产主要是以第二、第三产业（非农经济）为主，因此以第二、第三产业从业人数作为劳动力的投入数量。

二 产出指标体系

1. 经济产出

本书研究的城市范围主要是城市市辖区，而城市的生产特征主要是以非农产业为主导，因此经济产出以第二、第三产业增加值来表示较为合理，数据来源于《中国城市统计年鉴》。

2. 社会产出

社会产出方面，指标较多，如城区人口、职工平均工资等。城区人口能够反映城市化率，职工平均工资能够在一定程度上反映社会福利，至于选取哪一种指标表征社会产出，目前没有统一的标准。本书将分别使用城区人口与职工平均工资作为社会产出的代理变量，比较计算结果，判别指标差异是否影响研究结果。

3. 环境产出

城市生产过程中会产生环境污染，该类产出为非期望性产出（非合意性产出），而城市的生产污染主要来自工业生产的废水、废气、废渣，考虑到数据的可获取性，本书选用工业二氧化硫排放量作为环境产出的代理变量。[1]

基于上述对投入与产出指标体系的描述，将上述指标体系汇总如表5-1所示。

表 5-1　　　　　城市建设用地利用效率评价指标体系

目标层	准则层		指标名称
城市建设用地利用效率	投入指标	土地	城市城区建设用地
		资本	固定资本存量
		劳动力	第二、第三产业从业人数
	产出指标 期望性产出	经济产出	第二、第三产业增加值
		社会产出	城区人口（职工平均工资）
	非期望性产出	环境产出	工业二氧化硫排放量

第四节　数据来源与说明

本书在收集上述数据过程中，涉及的具体指标还有许多，将其来源与说明汇总如表5-2所示。

表 5-2　　　　　　　主要数据来源与说明

指标名称	数据来源	备注
建设用地面积	《中国城市建设统计年鉴》	各类建设用地面积也来源于此年鉴
固定资产投资	《中国城市统计年鉴》	—
单位从业人员期末数	《中国城市统计年鉴》	—
城镇私营和个体从业人员	《中国城市统计年鉴》	—
第二、第三产业从业人员占三次产业总和的比值	《中国城市统计年鉴》	—
地区生产总值	《中国城市统计年鉴》：地级市市辖区统计口径	—

① 尽管采用工业二氧化硫排放量作为环境产出的代理变量，存在一定的欠缺，但在目前能够获得连续多年的数据中，是较好的选择。

指标名称	数据来源	备注
第二、第三产业产值占GDP的比重	《中国城市统计年鉴》：地级市市辖区统计口径	—
第三产业占GDP的比重	《中国城市统计年鉴》：地级市市辖区统计口径	—
年末总人口	《中国城市统计年鉴》：地级市市辖区统计口径	用市辖区年末总人口作为城区人口的代理变量
职工平均工资	《中国城市统计年鉴》：地级市市辖区统计口径	—
工业总产值	《中国城市统计年鉴》：地级市全市与市辖区统计口径	—
工业二氧化硫排放量	《中国城市统计年鉴》：地级市统计口径	使用市辖区与全市工业总产值比例，折算为市辖区统计口径
GDP指数	《中国统计年鉴》	由于该指标没有统计到城市层面，所以使用省级层面代替
CPI指数	《中国统计年鉴》	同上
固定资产价格指数	《中国区域经济统计年鉴》	同上

1. 建设用地面积

查阅相关统计年鉴，只有《中国城市建设统计年鉴》较为完整地统计了城市历年的建设用地面积。由于部分城市的数据缺失，如北京、黄山等城市缺失了一年或者多年的数据，本书采用内插法进行补充。具体而言，对于中间某一年缺失的，采用前后年的平均值代替；缺失期初年或者期末年的数据，根据前后年份的变化趋势，进行相应估计。针对部分城市连续缺失多年数据，本书将其从样本中剔除，如上海市；另外，上海市属于直辖市，删除之后对研究结果影响不大。

2. 资本存量

关于资本存量的测算，一般包括 Hedonic 评估法（Hedonic Valuation，HV）和永续盘存法。由于 HV 方法假设的前提条件颇为严格以及需要较为翔实的数据支撑，阻碍了该方法使用的广泛性（宗振利、廖直东，2014）。因此，国内外涉及资本存量的测算研究，以永续盘存法居多。该方法是由戈德史密斯（Goldsmith）在 1951 年首创（Goldsmith，1951），随后广泛应用于资本存量的估算之中。此方法是基于相对效率的几何递减模型，其基本公式为：

$$K_{i,\,t} = K_{i,\,t-1}(1 - \delta) + I_{i,\,t} \qquad\qquad (5\text{--}12)$$

式中，$K_{i,\,t}$ 表示 i 单元在 t 年的资本存量，$I_{i,\,t}$ 表示 i 单元在 t 年的新增投资额，δ 表示资本折旧率。上式主要有 4 个变量需要求解：①当年的投资额；②投资品价格指数的确定；③折旧率的确定；④基期资本存量。

（1）当年的投资额。由于本书以城市市辖区为研究范围，因此涉及的生产行为主要是以非农经济生产为主，资本投入主要是第二、第三产业的资本投入。但是，现有的统计数据中并没有直接统计城市市辖区的第二、第三产业固定资产投资，而《中国固定资产投资统计年鉴》只统计了每个省份分产业固定资产投资数据、《中国城市统计年鉴》统计了城市市辖区的固定资产投资总量。根据已有研究结果（刘金全、于惠春，2002），我国实际 GDP 与固定资产投资之间存在较强的当期正相关关系，本书假设城市实际 GDP 与固定资产投资同样存在正相关性，据此计算城市市辖区第一产业固定资产投资比例，具体计算公式为：

$$市辖区第一产业固定资产投资比例 = \frac{省份第一产业固定资产投资}{省份固定资产投资总和} \times$$

$$\frac{市辖区第一产业产值占\ GDP\ 比例}{全市第一产业产值占\ GDP\ 比例}$$

依据该公式，很容易计算出市辖区第二、第三产业固定资产投资。

（2）投资品价格指数。上述部分使用固定资产投资作为当年的投资额，因此使用固定资产投资价格指数作为投资品价格指数，将历年的固定资产投资平减为 2000 年不变价格。固定资产价格指数来源于历年的《中国区域经济统计年鉴》。

（3）折旧率的确定。固定资产在使用过程中，都会有不同程度的损耗，故而每年需要计提折旧。现有研究针对折旧率展开了大量的估算，如 Young 假定各省份 6% 的折旧率（Young，2000），龚六堂和谢丹阳假定各省份 10% 的折旧率（龚六堂、谢丹阳，2004），本书借鉴张军的研究结果（张军等，2004），将折旧率统一确定为 9.6%，并假定城市市辖区的资本折旧率也为 9.6%。

（4）基期资本存量。现有研究在确定基期资本存量时主要有两种方法：一种是将基期选为 1952 年或者 1978 年；另一种是国际上常用的方法，如 Hall 和 Jones（1999）测算各国 1960 年的资本存量时，采用 1960

年的当年投资额与 1960—1970 年各国投资额增长的几何平均数加上折旧率后的比值。用公式表示如下：

$$K_t = \frac{I_t}{\delta + r} \tag{5-13}$$

式中，K_t 为基期物质资本存量，I_t 为固定资产投资；δ 为资本折旧率，r 为固定资产投资的年平均增长率。Young（2000）用上述方法测算了 1952 年中国固定资本存量，所得结果与张军使用上海的数据和工业企业数据推算的中国固定资本存量相差不大（前者为 815 亿元，后者为 800 亿元）（张军等，2004），说明该方法在某种程度上是可取的。

现有研究中对省级资本存量的估算没有统一的估计值，更是鲜有文献涉及城市市辖区资本存量的估计，同时也缺乏一个合理的标准将省份的资本存量分解到各个城市市辖区，因此本书借鉴 Hall 和 Jones（1999）、Young（2000）等学者的估计方法，计算每个城市市辖区 2000 年的资本存量。

3. *劳动力*

从理论上来说，使用一年中年均第二、第三产业从业人数更为合理，从而剔除流动劳动力的影响，但统计年鉴中较全面的统计数据的统计口径是年末的人数，故而本书使用年末第二、第三产业的人数来替代。另外，《中国城市统计年鉴》中，并没有直接统计年末第二、第三产业的从业人员，而是统计了年末单位从业人数与城镇私营和个体从业人员，需要进行折算。第一步，根据城市市辖区年末单位从业人数和单位从业人员中从事第二、第三产业从业人员比重，换算成市辖区第二、第三产业单位从业人数。第二步，由于统计年鉴中只统计了城镇私营和个体从业人员，并没有给出从事第二、第三产业从业人员比重，本书假设单位从业人员中第二、第三产业从业人员比重与城镇私营和个体从业人员中第二、第三产业从业人员比重是相等的，据此来计算城镇私营和个体从业人员中第二、第三产业从业人数。第三步，将上述数据进行加总，作为城市市辖区第二、第三产业从业人数。

4. *工业二氧化硫排放量*

由于《中国城市统计年鉴》中并没有统计城市市辖区的工业二氧化硫排放量，只统计了全市的工业二氧化硫排放量。一般而言，工业二氧化硫排放量与工业生产规模成正比例关系，故而本书用市辖区的工业总产值占全市工业总产值的比例，对全市工业二氧化硫排放量进行同比例折算得到市辖区的排放量。用公式表示为：

市辖区工业二氧化硫排放量＝全市工业二氧化硫排放量×

$$\frac{市辖区工业总产值}{全市工业总产值}$$

针对上述城市建设用地面积，第二、第三产业资本存量等七大指标，进行统计性描述，从而观察其基本特征，结果①如表5-3所示。

表 5-3　　　　　　　　　**2000—2014 年各变量的描述性统计**

变量名称及单位	样本数量（个）	最小值	最大值	平均值	标准差	离散系数
城市建设用地面积（平方千米）	3570	7.78	1425.87	102.08	140.25	1.37
第二、第三产业资本存量（亿元）	3570	4.15	31710.85	1126.20	2370.34	2.10
第二、第三产业从业人数（万人）	3570	2.46	1533.23	46.55	84.32	1.81
第二、第三产业增加值（亿元）	3570	10.99	5083.38	208.62	390.99	1.87
城区人口（万人）	3570	15.96	1943.90	132.44	152.89	1.15
职工平均工资（万元）	3570	0.34	8.15	2.17	1.07	0.49
工业二氧化硫排放量（万吨）	3570	0.01	59.33	3.46	4.52	1.31

由表5-3可知：①城市建设用地面积，最小值仅为7.78平方千米，最大值达到1425.87平方千米，离散系数为1.37；②第二、第三产业资本存量最小值为4.15亿元，最大值为31710.85亿元，离散系数为2.10；③第二、第三产业从业人数最小值为2.46万人，最大值为1533.23万人，离散系数为1.81；④第二、第三产业增加值最小值为10.99亿元，最大值为5083.38亿元，离散系数为1.87；⑤城区人口最小值为15.96万人，最大值为1943.90万人，离散系数为1.15；⑥职工平均工资最小值为0.34

---

①　由于行政区划的调整，不同的统计年鉴存在统计口径调整不同步的现象，为了解决这一问题，笔者根据实际情况，对社会经济数据或土地数据进行修正，保证社会经济数据与土地数据的统计口径一致。

万元，最大值为 8.15 万元，离散系数为 0.49；⑦工业二氧化硫排放量最小值为 0.01 万吨，最大值为 59.33 万吨，离散系数为 1.31。

第五节　效率测算

基于上述分析，首先利用 SBM 非期望产出模型和共同前沿模型分年度测算不同类型城市在不同群组下的建设用地松弛变量，从而利用式（5-4）进一步计算建设用地利用效率，并经过统计运算，分别求其平均值，以分析建设用地利用效率差异。根据效率测算方法以及评价指标体系，本节在经济产出与环境产出不变的情况下，分别以城区人口与职工平均工资作为社会产出的代理变量，测算建设用地利用效率，并比较两种不同社会产出指标下建设用地利用效率的差异。

一　效率测算：以城区人口作为社会产出的代理变量

（一）共同前沿

如果不考虑城市之间的差异性，笼统考察城市建设用地利用效率，那么所有城市参照的都是共同的技术前沿面（生产可能集），没有达到效率最优的城市将参照共同前沿面上的城市，计算自身与参照城市之间的距离。接下来，分年份测算各个城市建设用地松弛变量（测算结果的描述性统计分析见表 5-4），分组整理各类城市的建设用地利用效率年均值，将结果汇总如图 5-3 所示。

表 5-4　　　　　　　共同前沿下建设用地松弛变量的描述性统计

城市类型	样本数量（个）	最小值	最大值	平均值	标准差
资源型	345	0.00	83.21	26.73	19.36
工业主导型	705	0.00	173.70	27.49	27.75
区域综合型	570	0.00	561.50	46.47	84.79
其他类型	2085	0.00	139.40	19.59	20.20

图 5-3 是在共同前沿下计算所得的建设用地利用效率。由图 5-3 可知，2000—2014 年各类城市建设用地利用效率变化规律基本相同，呈现类似于"W"形，来回波动。具体来看，四类城市的建设用地利用效率

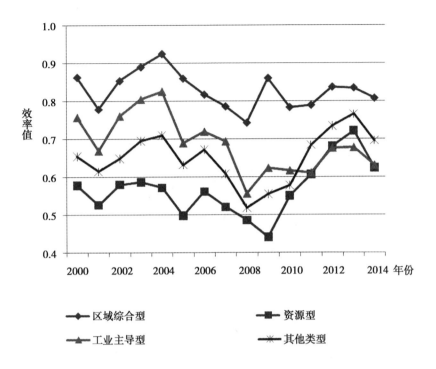

图 5-3 2000—2014 年各类城市在共同前沿下建设用地利用效率

平均值存在显著梯度差异，特别是 2000—2010 年，四类城市的建设用地利用效率平均值从高到低依次为区域综合型城市、工业主导型城市、其他类型城市和资源型城市。

（二）群组前沿

群组前沿下测算建设用地利用效率与共同前沿下的主要差别在于，每种类型的前沿面是由各组城市中的最优城市所决定的。接下来，分年份测算各个城市建设用地松弛变量（测算结果的描述性统计见表 5-5），分组整理各类城市的建设用地利用效率年均值，将结果汇总如图 5-4 所示。

表 5-5　　　　　群组前沿下建设用地松弛变量的描述性统计

城市类型	样本数量（个）	最小值	最大值	平均值	标准差
资源型	345	0.00	69.50	10.38	12.92
工业主导型	705	0.00	131.50	20.47	23.73

城市类型	样本数量（个）	最小值	最大值	平均值	标准差
区域综合型	570	0.00	713.30	43.76	95.99
其他类型	2085	0.00	139.40	14.78	18.30

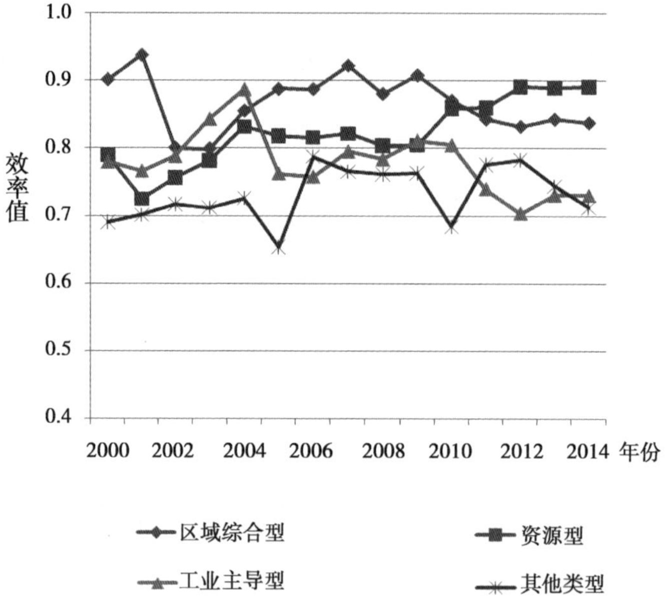

图 5-4 2000—2014 年各类城市在群组前沿下建设用地利用效率

图 5-4 是在群组前沿下计算所得的建设用地利用效率。在群组前沿下，并没有呈现出类似于共同前沿下不同类型城市之间明显的梯度差异，而是每类城市的建设用地利用效率趋向收敛于 1（效率最优），这一现象验证了分类考察建设用地利用效率的合理性与必要性。具体来看，资源型城市在 2001—2014 年基本呈现稳步上升的趋势，而另外三类城市来回波动，但波动范围较小，基本控制在 0.1 以内。

（三）对比分析

为了进一步分析每个群组内城市个体的具体情况，将 2000—2014 年主要城市在不同前沿下建设用地利用效率的平均值汇总于表 5-6 至

表5-9，并按照共同前沿下建设用地利用效率的年均值排序。

表5-6　　2000—2014年资源型城市的建设用地利用效率均值

名称	MTE	GTE	DAV	名称	MTE	GTE	DAV	名称	MTE	GTE	DAV
盘锦	1.000	1.000	0.000	铜川	0.588	0.984	0.396	鹤岗	0.374	0.703	0.330
大庆	1.000	1.000	0.000	大同	0.581	0.897	0.315	焦作	0.357	0.679	0.322
东营	0.998	0.938	0.060	松原	0.546	0.839	0.293	阜新	0.351	0.640	0.289
克拉玛依	0.968	0.874	0.094	淮北	0.530	0.888	0.358	六盘水	0.348	0.576	0.229
濮阳	0.788	0.998	0.210	淮南	0.505	0.948	0.443	双鸭山	0.339	0.702	0.363
阳泉	0.695	0.973	0.278	鹤壁	0.444	0.757	0.313	乌海	0.317	0.485	0.167
平顶山	0.668	0.943	0.275	辽源	0.396	0.629	0.233	七台河	0.286	0.466	0.180
枣庄	0.626	1.000	0.374	鸡西	0.383	1.000	0.617	平均值	0.569	0.823	0.267

注：MTE、GTE分别表示共同前沿下与群组前沿下建设用地利用效率的测算结果；DAV表示上述两者之差的绝对值，即 DAV=｜MTE-GTE｜，下同。

表5-7　　2000—2014年工业主导型城市的建设用地利用效率均值

名称	MTE	GTE	DAV	名称	MTE	GTE	DAV	名称	MTE	GTE	DAV
苏州	1.000	1.000	0.000	株洲	0.779	0.831	0.052	嘉峪关	0.549	0.475	0.074
厦门	1.000	0.988	0.012	淄博	0.766	0.978	0.212	抚顺	0.544	0.688	0.143
中山	1.000	0.988	0.012	宝鸡	0.763	0.929	0.166	包头	0.538	0.813	0.275
宁波	0.998	1.000	0.002	漯河	0.744	0.884	0.139	德州	0.537	0.728	0.191
青岛	0.985	0.974	0.012	马鞍山	0.723	0.775	0.052	葫芦岛	0.523	0.699	0.176
天津	0.978	0.958	0.019	莱芜	0.674	0.914	0.240	嘉兴	0.517	0.742	0.225
常州	0.962	0.970	0.008	铜陵	0.656	0.849	0.192	许昌	0.484	0.582	0.098
大连	0.947	0.856	0.091	潍坊	0.652	0.743	0.091	新乡	0.482	0.609	0.127
泉州	0.919	0.913	0.006	黄石	0.634	0.800	0.166	齐齐哈尔	0.476	0.746	0.271
江门	0.854	1.000	0.146	肇庆	0.623	0.681	0.057	辽阳	0.467	0.543	0.076
烟台	0.845	0.741	0.104	绵阳	0.623	0.791	0.168	滨州	0.462	0.601	0.139
鞍山	0.843	0.812	0.031	攀枝花	0.619	0.855	0.236	金昌	0.446	0.518	0.072
惠州	0.803	0.836	0.033	宜宾	0.619	0.962	0.343	景德镇	0.412	0.495	0.084
泰州	0.801	0.822	0.021	保定	0.599	0.643	0.044	四平	0.412	0.609	0.198
镇江	0.796	0.789	0.007	荆州	0.580	0.814	0.234	营口	0.332	0.537	0.205
威海	0.795	0.531	0.264	芜湖	0.562	0.608	0.046	平均值	0.688	0.779	0.118

表 5-8　　2000—2014 年区域综合型城市的建设用地利用效率均值

名称	MTE	GTE	DAV	名称	MTE	GTE	DAV	名称	MTE	GTE	DAV
大庆	1.000	1.000	0.000	常州	0.962	0.972	0.010	淄博	0.766	0.974	0.208
无锡	1.000	0.985	0.015	济南	0.951	0.908	0.043	合肥	0.748	0.678	0.071
苏州	1.000	0.953	0.047	大连	0.947	0.809	0.138	太原	0.696	0.812	0.115
杭州	1.000	0.954	0.046	成都	0.917	0.906	0.011	重庆	0.690	1.000	0.310
厦门	1.000	0.836	0.164	沈阳	0.912	0.986	0.074	南宁	0.662	0.887	0.225
广州	1.000	0.939	0.061	南昌	0.909	0.936	0.027	东莞	0.649	0.631	0.017
宁波	0.998	0.936	0.062	南京	0.880	0.736	0.144	兰州	0.602	0.806	0.204
青岛	0.985	0.959	0.027	西安	0.854	0.997	0.143	贵阳	0.519	0.755	0.236
武汉	0.982	0.873	0.109	长春	0.845	0.869	0.024	乌鲁木齐	0.510	0.782	0.271
长沙	0.981	0.923	0.059	郑州	0.845	0.908	0.063	银川	0.501	0.601	0.101
北京	0.981	0.899	0.082	石家庄	0.836	0.903	0.067	西宁	0.466	0.895	0.429
天津	0.978	0.940	0.037	昆明	0.800	0.720	0.079	呼和浩特	0.368	0.492	0.124
福州	0.975	0.898	0.076	哈尔滨	0.785	0.900	0.115	平均值	0.829	0.867	0.106

表 5-9　　2000—2014 年其他类型城市的建设用地利用效率均值

名称	MTE	GTE	DAV	名称	MTE	GTE	DAV	名称	MTE	GTE	DAV
绥化	1.000	1.000	0.000	扬州	0.944	1.000	0.056	白城	0.411	0.415	0.004
巴中	1.000	1.000	0.000	龙岩	0.928	0.978	0.050	榆林	0.405	0.467	0.062
温州	0.990	1.000	0.010	宣城	0.921	0.954	0.033	通化	0.397	0.548	0.151
茂名	0.988	1.000	0.012	徐州	0.921	0.979	0.058	三门峡	0.392	0.508	0.116
亳州	0.971	0.971	0.000	⋮	⋮	⋮	⋮	鹰潭	0.355	0.369	0.014
海口	0.967	1.000	0.033	达州	0.451	0.487	0.036	清远	0.354	0.413	0.059
绍兴	0.961	0.963	0.002	上饶	0.442	0.624	0.182	黑河	0.327	0.338	0.012
资阳	0.959	0.972	0.013	开封	0.436	0.532	0.096	铁岭	0.323	0.355	0.032
莆田	0.956	1.000	0.044	咸宁	0.435	0.458	0.023	伊春	0.179	0.212	0.033
六安	0.955	0.955	0.000	连云港	0.432	0.570	0.138	平均值	0.651	0.732	0.082
漳州	0.948	0.982	0.034	白银	0.418	0.485	0.067	—	—	—	—

注：针对其他类型城市，由于城市数量较多，按照共同前沿排名，仅列出了前 15 名与后 15 名的城市。下同。

如表 5-6 至表 5-9 所示，就资源型城市、工业主导型城市、区域综合型城市与其他类型城市的建设用地利用效率均值来看，共同前沿下各组城市分别留存 43.1%、31.2%、17.1% 和 34.9% 的效率改进空间；同样，群组前沿下各组城市分别留存 17.7%、22.1%、13.3% 和 26.8% 的效率改进空间。从各组技术落差绝对值来看，资源型、工业主导型、区域综合型、其他类型城市群组效率差值分别为 0.267、0.118、0.106 和 0.082，不同前沿之下相差较大，特别是资源型城市。

　　针对各个群组内的城市建设用地利用效率而言，资源型城市的盘锦与大庆这两个城市，无论是在共同前沿还是群组前沿下用地效率均值皆为 1；而乌海和七台河表现较差，无论参照哪组前沿，其用地效率均不超过 0.5，如在共同前沿下，两个城市的用地效率均值分别为 0.317、0.286，分别留存 68.3%、71.4% 的效率改进空间，提升空间非常大。工业主导型城市群组的苏州表现最好，原因在于，无论是参照何种技术前沿，其用地效率均值皆为 1；而表现较差的营口，其用地效率不高，即使参照效率均值稍高的群组前沿，也存在着很大的提升空间，提升幅度为 46.3%。区域综合型城市群组的大庆、无锡、苏州、杭州表现较好，这些城市在共同前沿下用地效率均值皆为 1，群组前沿下非常接近于 1；而表现最差的呼和浩特，无论是共同前沿还是群组前沿下，其用地效率均值都不高，显著低于 1。其他类型城市中的绥化与巴中表现最好，原因在于，两个城市在不同前沿下用地效率均值皆为 1，表现最差的是伊春。

　　上述特征表明，在共同前沿下，每类城市的土地利用效率存在差异，而这种差异是由于城市类型不同导致的；然而，城市之间的差异是客观存在的，在现有的技术条件下，城市的建设用地利用效率同样是有效的，尽管说这种行业的技术水平比较低，但仍然处于同行业的前沿下，是相对有效的。就提高土地利用效率的本质而言，永远是无止境的，一方面应该看到不同类型城市之间的差距；另一方面，在承认这种差距的同时，发现这种差距的本身并没有我们想象得那么显著，它是行业整体水平所决定的。另外，分析群组前沿时，每组参照的标准是各组的最优前沿（效率值为 1），每类城市中，各个城市的建设用地利用效率收敛于最优效率（效率值为 1）。

　　基于上述分析，不同类型城市在共同前沿与群组前沿下城市建设用地利用效率存在很大差异，这一现象再次说明，本书从区分城市类型视角考察建设用地利用效率的科学性与必要性。建设用地利用效率存在很大差异，究其原因可能在于不同类型城市其城市职能定位不同，产业结构、资源配置等发展路径不同，故而我国地级市相对于不同技术前沿下存在较大的技术缺口，导致建设用地利用技术水平存在差异。整体来看，四类城市中只有少数城市的建设用地利用效率均值为1，多数城市显著低于1，特别是参照共同前沿下的资源型城市，建设用地利用效率均值不超过0.6，说明在生态文明建设背景下，效率提升空间较大。

二 效率测算：以职工平均工资作为社会产出的代理变量

上文以城区人口作为社会产出的代理变量，测算了建设用地利用效率。为了进一步说明指标选取对建设用地利用效率的影响，将社会产出的代理变量更换为职工平均工资，探讨不同的社会产出指标是否对建设用地利用效率测算结果存在显著的差异。测算方法与测算过程与上述相同。

（一）共同前沿

首先，分年份测算各个城市建设用地松弛变量（测算结果的描述性统计见表5-10）；其次，分组整理各类城市的建设用地利用效率年均值，将结果汇总如图5-5所示。

表5-10　　　　　共同前沿下建设用地松弛变量的描述性统计

城市类型	样本数量（个）	最小值	最大值	平均值	标准差
资源型	345	0.00	105.70	28.82	22.09
工业主导型	705	0.00	151.80	29.97	29.88
区域综合型	570	0.00	689.10	28.15	77.81
其他类型	2085	0.00	162.90	24.12	24.22

图5-5是在共同前沿下计算所得的建设用地利用效率，从该图可知，2000—2014年各类城市建设用地利用效率变化规律基本相同，呈现类似于"W"形，来回波动。具体来看，四类城市的建设用地利用效率平均值存在显著梯度差异，特别是2000—2007年，四类城市的建设用地利用效率平均值从高到低依次为区域综合型城市、工业主导型城市、其他类型城市、资源型城市；而在2008—2014年区域综合型城市显著高于另外三类城市，另外三类城市之间的建设用地利用效率均值排序存在波动。

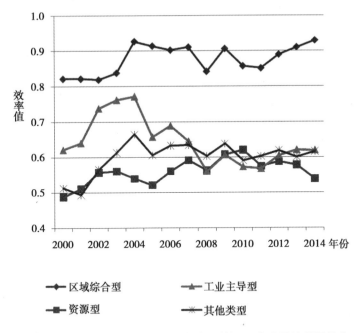

图 5-5　2000—2014 年各类城市在共同前沿下建设用地利用效率

（二）群组前沿

首先，分年份测算各个城市建设用地松弛变量（测算结果的描述性统计分析见表 5-11）；其次，分组整理各类城市的建设用地利用效率年均值，将结果汇总如图 5-6 所示。

表 5-11　　　　　　　群组前沿下建设用地松弛变量的描述性统计

城市类型	样本数量（个）	最小值	最大值	平均值	标准差
资源型	345	0.00	102.90	15.74	20.86
工业主导型	705	0.00	141.40	17.07	25.89
区域综合型	570	0.00	720.50	79.52	111.00
其他类型	2085	0.00	139.40	14.78	18.30

图 5-6 是在群组前沿下计算所得的建设用地利用效率。在群组前沿下，建设用地利用效率并没有表现出类似于共同前沿下那样很明显的城市类型分异特征，而是每类城市的土地利用效率趋向收敛于 1（效率最优），这一现象再次验证了依据城市类型异质性来考察建设用地利用效

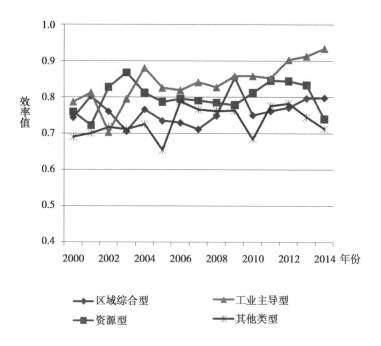

图5-6 2000—2014年各类城市在群组前沿下建设用地利用效率

率的合理性与必要性。

（三）对比分析

为了进一步分析每个群组内城市个体的具体情况，将2000—2014年主要城市在不同前沿下建设用地利用效率的平均值汇总于表5-12至表5-15，并按照共同前沿下建设用地利用效率的年均值排序。

表5-12　　　　　2000—2014年资源型城市的建设用地利用效率均值

名称	MTE	GTE	DAV	名称	MTE	GTE	DAV	名称	MTE	GTE	DAV
大庆	1.000	1.000	0.000	平顶山	0.548	0.755	0.207	双鸭山	0.405	0.970	0.565
盘锦	0.985	0.985	0.000	六盘水	0.502	0.948	0.446	枣庄	0.399	0.384	0.015
东营	0.915	0.880	0.035	大同	0.481	0.458	0.023	阜新	0.377	0.594	0.218
克拉玛依	0.909	1.000	0.091	淮北	0.470	0.773	0.303	鹤岗	0.366	0.704	0.339
阳泉	0.827	0.963	0.136	鹤壁	0.462	0.806	0.344	焦作	0.322	0.489	0.166
濮阳	0.776	0.998	0.222	辽源	0.441	0.871	0.430	七台河	0.316	0.619	0.303
松原	0.645	1.000	0.355	乌海	0.437	0.778	0.341	鸡西	0.308	0.857	0.548

名称	MTE	GTE	DAV	名称	MTE	GTE	DAV	名称	MTE	GTE	DAV
铜川	0.561	1.000	0.439	淮南	0.418	0.566	0.148	平均值	0.560	0.800	0.247

表 5-13　　2000—2014 年工业主导型城市的建设用地利用效率均值

名称	MTE	GTE	DAV	名称	MTE	GTE	DAV	名称	MTE	GTE	DAV
大连	1.000	0.897	0.103	泰州	0.657	0.977	0.320	葫芦岛	0.482	0.690	0.208
宁波	1.000	1.000	0.000	镇江	0.633	0.862	0.229	许昌	0.472	0.944	0.472
青岛	1.000	0.990	0.010	鞍山	0.633	0.833	0.200	抚顺	0.468	0.684	0.216
天津	0.996	0.977	0.019	漯河	0.621	0.934	0.313	德州	0.467	0.772	0.306
厦门	0.992	0.972	0.020	潍坊	0.612	0.713	0.101	嘉兴	0.459	0.877	0.418
苏州	0.985	1.000	0.015	马鞍山	0.610	0.934	0.324	保定	0.452	0.640	0.188
常州	0.962	0.972	0.010	铜陵	0.610	0.923	0.313	辽阳	0.431	0.677	0.246
中山	0.951	0.994	0.043	宝鸡	0.578	0.922	0.344	包头	0.430	0.719	0.289
淄博	0.944	0.972	0.028	攀枝花	0.576	0.874	0.297	滨州	0.429	0.789	0.361
惠州	0.925	0.850	0.075	株洲	0.576	0.862	0.286	四平	0.423	0.731	0.308
烟台	0.893	0.775	0.118	莱芜	0.557	0.878	0.321	景德镇	0.406	0.693	0.287
泉州	0.890	0.995	0.105	黄石	0.553	0.820	0.267	新乡	0.405	0.561	0.156
江门	0.854	1.000	0.146	宜宾	0.541	0.953	0.412	荆州	0.402	0.649	0.247
金昌	0.809	1.000	0.191	肇庆	0.536	0.969	0.432	齐齐哈尔	0.351	0.510	0.159
嘉峪关	0.765	1.000	0.235	绵阳	0.520	0.762	0.242	营口	0.289	0.500	0.212
威海	0.669	0.814	0.145	芜湖	0.492	0.652	0.160	平均值	0.645	0.841	0.211

表 5-14　　2000—2014 年区域综合型城市的建设用地利用效率均值

名称	MTE	GTE	DAV	名称	MTE	GTE	DAV	名称	MTE	GTE	DAV
大连	1.000	0.727	0.273	苏州	0.985	0.904	0.081	郑州	0.930	0.557	0.373
大庆	1.000	1.000	0.000	广州	0.984	0.879	0.106	哈尔滨	0.929	0.531	0.398
无锡	1.000	0.976	0.024	石家庄	0.978	0.749	0.229	太原	0.833	0.610	0.223
杭州	1.000	0.894	0.106	长春	0.977	0.652	0.325	南宁	0.805	0.716	0.088
宁波	1.000	0.923	0.077	成都	0.969	0.623	0.347	合肥	0.781	0.650	0.131
济南	1.000	0.702	0.298	福州	0.963	0.925	0.038	乌鲁木齐	0.697	0.472	0.225
青岛	1.000	0.883	0.117	常州	0.962	1.000	0.038	兰州	0.667	0.633	0.034
武汉	1.000	0.729	0.271	南京	0.949	0.551	0.398	东莞	0.633	0.625	0.007

续表

名称	MTE	GTE	DAV	名称	MTE	GTE	DAV	名称	MTE	GTE	DAV
天津	0.996	0.768	0.228	长沙	0.948	0.891	0.057	贵阳	0.431	0.607	0.176
沈阳	0.994	0.778	0.216	北京	0.948	0.889	0.059	银川	0.407	1.000	0.593
厦门	0.992	0.961	0.031	淄博	0.944	0.778	0.165	西宁	0.382	0.993	0.611
南昌	0.989	0.922	0.067	昆明	0.940	0.534	0.406	呼和浩特	0.359	0.757	0.398
西安	0.988	0.655	0.333	重庆	0.931	0.519	0.412	平均值	0.876	0.762	0.209

表 5-15　　　2000—2014 年其他类型城市的建设用地利用效率均值

名称	MTE	GTE	DAV	名称	MTE	GTE	DAV	名称	MTE	GTE	DAV
宁德	0.984	0.953	0.030	南平	0.890	0.869	0.021	商丘	0.387	0.799	0.412
茂名	0.977	1.000	0.023	龙岩	0.884	0.978	0.093	孝感	0.387	0.564	0.177
丽水	0.971	0.786	0.185	漳州	0.868	0.982	0.114	衡阳	0.383	0.512	0.129
黑河	0.965	0.338	0.627	雅安	0.865	0.801	0.064	贵港	0.377	0.887	0.510
温州	0.958	1.000	0.042	⋮	⋮	⋮	⋮	六安	0.375	0.955	0.580
宣城	0.942	0.954	0.012	南充	0.429	0.861	0.433	连云港	0.370	0.570	0.200
三明	0.921	0.969	0.048	清远	0.423	0.413	0.010	白城	0.362	0.415	0.053
绥化	0.913	1.000	0.087	蚌埠	0.421	0.669	0.249	钦州	0.353	0.642	0.289
海口	0.896	1.000	0.104	遂宁	0.413	0.895	0.482	开封	0.336	0.532	0.196
防城港	0.892	0.810	0.082	邯郸	0.400	0.611	0.210	平均值	0.599	0.732	0.176
徐州	0.891	0.979	0.088	乐山	0.391	0.593	0.202	—	—	—	—

　　如表 5-12、表 5-13、表 5-14 和表 5-15 所示，就资源型城市、工业主导型城市、区域综合型城市与其他类型城市的建设用地利用效率均值来看，共同前沿下各组城市分别留存 44.0%、35.5%、12.4% 和 40.1% 的效率改进空间；同样，群组前沿下各组城市分别留存 20.0%、15.9%、23.8% 和 26.8% 的效率改进空间。从各组技术落差绝对值来看，资源型城市、工业主导型城市、区域综合型城市、其他类型城市群组效率差值分别为 0.247、0.211、0.209、0.176，不同前沿下相差较大，特别是资源型城市。

　　针对各个群组内的城市建设用地利用效率而言，资源型城市的大庆，无论是在共同前沿还是在群组前沿下建设用地利用效率均值皆为 1；而焦作和枣庄表现较差，无论参照哪组前沿，其建设用地利用效率均不超过 0.5，如在共同前沿下，两个城市的建设用地利用效率均值分别为 0.322、0.399，分别留存 67.8%、60.1% 的效率改进空间，提升空间非常大。工业主导型城市的宁波表现最好，原因在于，无论是参照何种技术前沿，其建设用地利用效率均值皆为 1；而表现较差的营口，其建设用地利用效率不高，即使参照效率均值稍高的群组前沿，也存在很大的提升空间，提升幅度为 50.0%。区域综合型城市群组的大庆、无锡较好，这些城市在共同前沿下建设用地利用效率均值皆为 1，群组前沿下非常接近于 1；而表现最差的呼和浩特，无论是在共同前沿还是在群组前沿下，其建设用地利用效率均值都不高，显著低于 1。其他类型城市中的茂名表现最好，原因在于，其建设用地利用效率均值在共同前沿下非常接近于 1，群组前沿下为 1；表现最差的是白城。

上述特征表明，在共同前沿下，每类城市的建设用地利用效率存在差异，而这种差异是城市类型不同导致的；然而，城市之间的差异是客观存在的，在现有的技术条件下，城市的建设用地利用效率同样是有效的，尽管说这种行业的技术水平比较低，但仍然处于同行业的前沿下，是相对有效的。从提高建设用地利用效率的本质而言，一方面应该看到不同类型城市之间的差距；另一方面，在承认这种差距的同时，发现这种差距的本身并没有我们想象得那么显著，它是行业整体水平所决定的。另外，分析群组前沿时，每组参照的标准是各组的最优前沿（效率值为 1），每类城市中，各个城市的土地利用效率收敛于最优效率（效率值为 1）。

三　测算结果对比：城区人口与职工平均工资

上述内容分别选用城区人口与职工平均工资作为社会产出的代理变量，测算了建设用地利用效率具体情况。总体来看，社会产出无论是城区人口还是职工平均工资，共同前沿与群组前沿下建设用地利用效率均存在很大差异，验证了研究结果的可靠性。具体来看，由于选取的指标差异，具体结果在数值大小上存在细微差异。以共同前沿为例，将两种产出的建设用地利用效率均值汇总如表 5-16 所示。

表 5-16   两种不同社会产出的建设用地利用效率对比

样本	城区人口	职工平均工资	差值
区域综合型城市	0.83	0.88	0.05
资源型城市	0.57	0.56	0.01
工业主导型城市	0.69	0.64	0.05
其他类型城市	0.65	0.60	0.05

从表 5-16 中可知，在共同前沿下，无论是全国城市样本还是不同类型城市的样本，两种产出下的建设用地利用效率均值相差很小，说明了研究结果的稳定性。据此，本书在后续分析中，以社会产出作为城区人口的代理变量情况下的实证结果，作为研究的基础。

第六节　提升潜力测算

基于对建设用地利用效率的测算，本节进一步利用 SBM 模型，测算与整理决策单元建设用地投入的冗余量（松弛量）。根据模型的测算结果，松弛变量的大小能够反映出建设用地无效率的改善空间。下文将分别从整体以及 2014 年两个方面分析建设用地无效率的提升潜力。

首先，表 5-17 汇总了在参照共同前沿下 238 个城市的建设用地提升潜力的总和。由表 5-17 可知，2000—2014 年，城市建设用地实际投入总量逐年递增，说明城市建设用地一直呈现扩张的趋势，而建设用地投入冗余量则是波动中递增。

表 5-17   2000—2014 年 238 个城市的建设用地实际投入量与冗余量

年份	PA（平方千米）	MSA（平方千米）
2000	13851.76	3297.89
2001	15282.66	4818.05
2002	16933.03	3931.69
2003	18500.36	3670.95
2004	20081.21	3407.99
2005	21549.68	5402.32
2006	22797.33	5856.39

年份	PA（平方千米）	MSA（平方千米）
2007	24258.87	7054.30
2008	25962.87	9260.90
2009	27187.78	7612.42
2010	29053.09	9086.15
2011	30388.78	8269.50
2012	31482.96	6898.18
2013	32691.86	6909.60
2014	34353.78	9066.67

注：PA 表示 238 个城市建设用地实际投入量的总和，MSA 表示在共同前沿下 238 个城市建设用地投入冗余量的总和。

其次，本书以 2014 年为例，主要考察本书重点关注的三类城市（资源型城市、工业主导型城市和区域综合型城市）。整理第五节效率测算过程中每个城市的建设用地投入冗余量，汇总如表 5-18、表 5-19 和表 5-20 所示。每个城市在参照不同前沿下，提升潜力也存在差异，即表 5-18、表 5-19 和表 5-20 中多数城市的 MSA 与 GSA 的值不相等，而少数城市 MSA 与 GSA 的值都为 0，说明该城市无论参照哪类前沿，都处于该类群组的前沿面上（效率最优）。

表 5-18　　　　**2014 年资源型城市在不同前沿下的建设用地实际投入量与冗余量**

名称	PA	MSA	GSA	名称	PA	MSA	GSA	名称	PA	MSA	GSA
大同	125.10	41.64	0.00	鹤岗	53.21	25.55	0.00	平顶山	73.40	24.78	0.00
阳泉	43.65	7.10	0.00	双鸭山	57.21	36.49	14.39	鹤壁	64.06	37.47	22.53
乌海	56.86	31.77	17.22	大庆	318.50	0.00	0.00	焦作	105.56	64.38	0.00
阜新	76.56	44.30	25.04	七台河	71.72	49.32	28.27	濮阳	53.70	13.83	0.00
盘锦	73.00	0.00	0.00	淮南	105.26	29.33	0.00	六盘水	64.13	42.19	27.45
辽源	46.30	23.58	12.33	淮北	88.34	34.61	10.01	铜川	49.10	17.90	0.00
松原	48.59	16.11	3.19	枣庄	143.59	46.62	0.00	克拉玛依	68.17	0.00	0.00
鸡西	78.85	44.01	0.00	东营	112.10	0.00	0.00	总和	1976.96	630.98	160.42

注：PA 表示城市建设用地实际投入量的总和，MSA、GSA 分别表示在共同前沿下与群组前沿下城市建设用地投入冗余量的总和，单位为平方千米。

表 5-19   2014 年工业主导型城市在不同前沿下的建设
用地实际投入量与冗余量

名称	PA	MSA	GSA	名称	PA	MSA	GSA	名称	PA	MSA	GSA
天津	786.80	18.47	0.00	嘉兴	111.79	47.32	34.05	许昌	74.00	53.25	49.41
保定	139.28	84.10	77.92	芜湖	161.00	69.62	51.52	漯河	59.98	0.00	0.00
包头	190.46	92.81	6.81	马鞍山	92.34	38.10	34.62	黄石	81.61	31.59	27.42
大连	398.00	47.83	131.50	铜陵	67.51	18.63	11.10	荆州	73.70	22.74	16.21
鞍山	169.64	83.02	75.29	厦门	296.73	0.00	0.00	株洲	111.65	32.03	15.49
抚顺	136.19	61.96	54.18	泉州	146.30	35.19	53.68	江门	184.77	69.69	0.00
营口	110.00	63.28	52.40	景德镇	74.36	46.26	43.86	肇庆	97.14	48.00	0.00
辽阳	104.35	65.12	59.53	青岛	429.44	94.82	0.00	惠州	229.47	108.06	82.39
葫芦岛	77.30	36.07	17.71	淄博	257.13	0.61	0.00	中山	110.49	0.00	0.00
四平	55.92	31.43	29.68	烟台	317.71	159.91	126.54	攀枝花	71.81	14.12	19.28
齐齐哈尔	139.63	76.70	40.88	潍坊	172.69	69.42	49.67	绵阳	109.84	40.29	33.72
常州	203.60	0.00	0.00	威海	186.32	79.85	72.51	宜宾	98.21	44.87	0.00
苏州	443.70	0.00	0.00	莱芜	104.07	50.23	42.51	宝鸡	86.36	15.56	0.00
镇江	134.00	37.51	0.00	德州	144.29	84.95	56.09	嘉峪关	67.75	48.68	50.08
泰州	129.52	27.37	9.98	滨州	109.88	74.94	71.36	金昌	40.21	28.50	25.77
宁波	366.29	0.00	0.00	新乡	105.40	51.89	42.23	总和	7858.63	2204.93	1565.39

表 5-20   2014 年区域综合型城市在不同前沿下的建设
用地实际投入量与冗余量

名称	PA	MSA	GSA	名称	PA	MSA	GSA	名称	PA	MSA	GSA
北京	1389.15	0.00	0.00	苏州	443.70	0.00	13.59	广州	1035.00	0.00	0.00
天津	786.80	18.47	25.18	杭州	421.60	0.00	0.00	东莞	1033.90	561.48	683.16
石家庄	253.24	5.59	0.00	宁波	366.29	0.00	36.57	南宁	280.05	63.82	0.00
太原	309.00	40.26	51.54	合肥	372.37	159.53	166.07	重庆	1028.82	158.59	0.00
呼和浩特	294.93	203.36	201.72	福州	232.60	49.62	42.07	成都	550.38	153.17	42.25
沈阳	465.00	78.30	36.36	厦门	296.73	0.00	98.11	贵阳	258.69	130.12	95.75
大连	398.00	47.83	78.96	南昌	229.81	46.58	47.12	昆明	416.89	184.11	162.58

续表

名称	PA	MSA	GSA	名称	PA	MSA	GSA	名称	PA	MSA	GSA
长春	440.10	165.42	139.00	济南	383.25	46.63	53.90	西安	360.00	6.81	0.00
哈尔滨	391.48	62.59	23.64	青岛	429.44	94.82	91.81	兰州	280.65	135.12	0.00
大庆	318.50	0.00	0.00	淄博	257.13	0.61	42.58	西宁	83.85	36.16	25.44
南京	726.40	130.34	115.26	郑州	370.88	26.04	0.00	银川	160.79	93.79	77.02
无锡	285.69	0.00	11.12	武汉	799.23	0.00	269.73	乌鲁木齐	412.26	209.18	0.00
常州	203.60	0.00	0.00	长沙	294.39	0.00	0.00	总和	17060.59	2908.34	2630.52

第七节　本章小结

本章以传统的 DEA 模型为基础，构建了能够处理松弛变量以及非期望性产出的 SBM 非期望产出模型，考察了共同前沿、群组前沿下不同类型城市的建设用地利用效率。针对现有评价指标体系中社会产出指标的多样性，本章分别以城区人口、职工平均工资作为社会产出的代理变量，测算了城市建设用地利用效率，从而验证社会产出指标的选取是否对建设用地利用效率存在很大的差异。比较两者的差异，发现建设用地利用效率在数值上存在差异性，但整体规律基本一致。从实际结果来看，在保证经济产出与环境产出不变的情况下，以城区人口作为社会产出的代理变量时，在共同前沿下，2000—2010 年效率均值从高到低依次为区域综合型城市、工业主导型城市、其他类型城市和资源型城市；在群组前沿下，效率均值没有呈现明显的城市类型分异特征。对比共同前沿与群组前沿下不同类型城市的建设用地利用效率，本书发现其他类型城市与区域综合型城市相差较小，分别为 0.082、0.106，其次工业主导型城市，为 0.118，排在末位的是资源型城市，达到 0.267。共同前沿下的有差异与群组前沿下的无分异，恰恰验证了本书从城市类型视角考察建设用地利用效率的必要性。最后，本书在效率评价的基础上，进一步考察了建设用地的提升潜力。

第六章 城市建设用地利用效率的影响因素分析

通过第四章的实证分析，我们发现在不同前沿下的建设用地利用效率存在明显差异；另外，不同类型城市间的建设用地利用效率同样呈现分异特征。如何理解不同类型城市的效率差异？这些差异是由哪些因素造成的？本章接下来围绕这些问题展开分析。首先通过理论分析，阐述影响城市建设用地利用效率的一般机理，在此基础上提出研究假说；其次构建面板 Tobit 回归模型，利用 2003—2014 年的面板数据，从全国城市和分不同类型城市两个维度实证检验了建设用地利用效率的影响因素；最后比较计量结果，分析不同类型城市用地效率影响因素的差异性，进一步验证研究假说。

第一节 主要影响因素及其作用机制

如何提高城市建设用地利用效率一直是中央政府、国土部门、地方政府以及学术界关注的重点。学术界从多角度探讨了建设用地利用效率的影响因素，通过梳理研究内容，我们发现建设用地利用效率含义的界定不同会导致影响因素存在差异。在界定用地效率内涵上主要有两大类：第一类将建设用地利用效率定义为地均 GDP；第二类将用地效率界定为综合利用效率，将其他要素的投入纳入效率衡量框架之中。基于第一类用地效率的定义，影响用地效率的因素主要包括两种：一种是要素的投入，如土地面积、劳动力数量与资本数量等（李刚，2015）；另一种是外在的因素，如城区人口、人力资本、市场发育程度等。基于第二类建设用地利用效率的定义，影响建设用地利用效率的因素主要包括城市规模（张衔、吴先强，2016）、地方政府财政缺口等。

本书建设用地利用效率界定为第二类。第四章已经评价了建设用地利用效率，本章根据第二章的文献回顾以及数据可获取的情况下，主要从城市类型、城市建设用地结构、城市土地市场发育与土地价格、经济发展水平等方面考察建设用地利用效率的影响机理。

一 城市类型

城市类型的不同对建设用地利用效率具有显著影响。本书已经基于城市职能异质性对城市类型进行了分类，主要划分为资源型城市、工业主导型城市、区域综合型城市以及其他类型城市。由于城市类型的差异性导致城市职能定位不同、建设用地利用结构不同、产业结构不同，地方政府在用地政策、土地分配等存在差别，可能导致建设用地利用效率存在差异。因此，基于上述分析，城市类型是影响建设用地利用效率的因素之一，进而提出本书的研究假说：

假说一：在城市类型存在差异性的前提下，不同类型城市对建设用地利用效率的影响存在差异。

二 建设用地利用结构

一般而言，不同类型的建设用地在城市生产过程中发挥着不同的作用，因而，建设用地的配置不同其用地效率也存在差异。回顾第四章的研究结果，城市建设用地中主要以居住用地、公共设施用地、工业用地三类用地为主，占建设用地总量的60%以上；另外，根据第四章的城市建设用地特征分析，结果表明，上述三类用地呈现出明显的城市类型分异特征，因而本书选用三类用地分别占建设用地总量的比例作为城市建设用地结构的代理变量。

一般而言，增加居住用地的供给，一方面，能够带动城市建筑行业以及相关产业的发展，增加劳动力就业机会；另一方面，能够满足城市居民的居住需要，承载更多的人口。由于公共设施用地不仅包括一般意义上的教育、行政等公共设施用地，还包括商业等设施用地，如何合理配置公共设施用地，需要根据城市类型以及城市发展阶段而定。工业用地供给越多，该城市的工业企业越多，经济产出越高。然而，本书将城市建设用地利用效率界定为综合技术利用效率，在城市建设用地利用结果中不仅包括正向的经济产出（期望性产出），还包括负向的环境污染产出（非期望性产出），若地方政府通过招商引进的工业企业，经济产出高，但环境污染严重，建设用地利用效率不一定高。基于上述分析，提出本书的研究假说：

假说二：总体上，居住用地、公共设施用地、工业用地占建设用地的比例对城市建设用地利用效率产生影响；但根据中国城市的实际情况来看，上述指标对不同类型城市建设用地利用效率的影响存在差异。

三　城市土地市场发育水平

通过梳理关于城市土地市场与土地集约利用、土地效率的现有研究，我们发现，学者一致认为城市土地市场发育水平是影响用地效率的因素之一（杨红梅等，2011；高燕语、钟太洋，2016；赵爱栋等，2016）。由于我国城市土地制度的独特性，土地市场中交易的对象是国有土地的使用权而不是所有权，它包含一定时期内使用者对土地处置、收益和使用的权利。我国土地市场分为土地使用权出让市场和转让市场两个层次，并在运行上各有特点，本书主要分析土地使用权出让市场。

国家颁布的土地市场政策对土地市场的发育产生重要影响（王良健等，2011），直接影响地方政府、用地单位等土地利用主客体的土地利用行为。改革开放以前，我国城市土地市场几乎不存在，国有土地使用权出让是"无期限、无偿、无流动"的"三无"特征；改革开放之后，1978—2002 年，我国城市土地市场处于不完善阶段，主要以"划拨出让为主、有偿出让为辅"（吴郁玲等，2009）；2002 年之后，我国城市土地市场趋于完善，主要以"招拍挂"出让为主。

根据经济学的一般规律，资源的市场发育程度对资源利用效率存在显著影响，并且通过市场机制配置土地资源能够加快结构调整、推动企业转型升级（李力行等，2016）。在城市土地二级市场上，政府通过招标、拍卖和挂牌形式出让城市土地，属于市场化水平较高的形式，用地主体通过公开价格机制计算投入产出效应，自动调节用地主体项目投资的选择性，倒逼低效益的用地主体主动退出市场，项目生产效益或者利润较高的用地单位最终取得土地的使用权，能够提高土地的利用效率（罗能生等，2016）。

因此，针对城市建设用地利用而言，土地市场发育程度越高，建设用地利用效率越高。诚然，如何测度城市土地市场发育程度或用什么指标来表征城市土地市场发育状况，这一现实问题需要解决。在反映市场化水平或者市场发育程度指标设计中，从城市层面来看，现有文献采用城市生产总值与城市财政支出之比作为其代理变量；从省际层面来看，目前学者引用较多的是樊纲等学者测算的市场化水平指数（聂雷等，2015）。但是，由于土地交易受政府垄断的控制，土地市场化有别于一般的市场化，需要单独考察其市场化水平。一般而言，城市土地市场主要包括"一级市场"和"二级市场"，"一级市场"主要针对新增建设用地，主要通过农地非农化来供应，市场政策在于节约用地；"二级市场"主要针对城市存量建设用地，主要通过转让土地使用权，市场政策在于集约用地。《中国国土资源统计年鉴》中统计了城市建设用地总体的"招拍挂"出让面积、协议出让面积以及总出让面积的数量，因此，本书结合研究问题以及数据可获取的前提下，采用城市建设用地"招拍挂"出让面积占总出让面积的比例作为城市土地市场化水平的代理变量。

四　建设用地价格

城市土地价格是城市土地市场宏观调控的关键，城市土地价格是否符合市场一般规律，关系到城市宏观调控建设用地利用政策与经济建设的政策（杨继瑞，2003）。价格是反映资源供需的"晴雨表"，城市土地价格是反映城市土地市场运行的根本指标，城市地价体系与城市土地市场发育相呼应。2000 年以来，城市土地价格持续增长，包括受到质疑的工业用地价格也是逐渐上涨，只是上涨趋势相对缓慢（聂雷等，2015）。土地价格的形成能够自动排除市场主体对土地的低效利用，使土地由对其评价最高的人获得（夏清滨、李成友，2015）。土地价格的显化还能在各种生产要素之间产生替代效应，从而使企业在单位土地上投入更多的资本和劳动来提高土地的单位产出，进而提高土地利用效率（李建强、曲福田，2012）。因此，一般而言，城市的建设用地价格越高，建设用地利用效率也相对较高。据此，提出本书的研究假说：

假说三：城市建设用地价格越高，建设用地利用效率越高；反之亦然。

五　经济发展水平

经济发展水平是指一个国家或者某个地区经济发展的规模、速度和所达到的某种水准。它的意义在于衡量经济发展状态以及发展潜力。从现有的研究来看，通常使用国内生产总值、人均国内生产总值、经济增长速度、经济发展速度等指标来衡量一个国家或者地区的经济发展水平。因此，本书采用人均 GDP 来反映经济发展水平，作为环境控制变量。

经济发展处于不同的发展阶段，资源利用方式与理念存在很大差异。在经济发展水平较低时期，地方政府注重经济产出，资源利用技术水平低、利用方式粗放，环境污染严重，导致在考虑环境产出时建设用地利用的综合效率偏低；在经济发展处于高水平时期，地方政府注重经济发展的质量，资源利用技术水平高、利用方式集约，控制污染源的排放，既增加经济产出又能降低环境污染，从而建设用地利用的综合效率较高。

第二节　模型构建与数据来源

一　模型构建

由于本书的建设用地利用效率根据 SBM 非期望产出模型计算所得，效率值的取值范围为 (0，1]，数据在 1 处被截断，因变量的效率值是受限的；若采用传统的 OLS 估计被证明是有偏的（伍德里奇，2007），通常的做法是采用面板数据 Tobit 回归模型。另外，对于面板 Tobit 模型而言，固定效应一般不能得到一致的估计值（刘玉海、武鹏，2011），因此，本书采用学术界惯用的处理方法，使用随机效应 Tobit 模型：

$$Y_{it}^* = \alpha + \beta X_{it} + \upsilon_i + \varepsilon_{it} \tag{6-1}$$

$$Y_{it} = \begin{cases} Y_{it}^*, & Y_{it}^* \le 1 \\ 1, & Y_{it}^* > 1 \end{cases}$$

其中，Y_{it}^*、Y_{it}、X_{it} 分别代表不可观测的潜变量、可观测的被解释变量和解释变量向量；υ_i 为个体效应随机变量，ε_{it} 为随时间和个体而独立变化的随机变量；α 为常数，β 为参数向量。

解释变量包括：①建设用地利用结构代理变量，包括居住用地占建设用地总量的比例（house_percent）、公共设施用地占建设用地总量的比例（public_percent）、工业用地占建设用地总量的比例（industry_percent）；②城市土地市场发育程度，选用建设用地"招拍挂"出让面积占总出让面积的比例（auc_percent）作为代理变量；③城市建设用地价格，选用"招拍挂"出让建设用地的总收入与总面积的比值作为代理变量；④经济发展水平，选用人均 GDP 指标。变量名称与含义汇总如表6-1所示。

此外，需要说明的是，由于 Tobit 回归系数并不能反映解释变量的边际效应（李涛、李红，2004），因此，本书在回归之后，进一步求解了解释变量在平均值处的边际效应。

表 6-1　　　　　　　　　　　　变量一览表

变量名称	变量含义	单位
共同前沿效率	共同前沿下建设用地利用效率值	—
群组前沿效率	群组前沿下建设用地利用效率值	—
居住用地占比	居住用地占建设用地总量的比例	%
公共设施用地占比	公共设施用地占建设用地总量的比例	%
工业用地占比	工业用地占建设用地总量的比例	%
"招拍挂"占比	"招拍挂"出让面积占总出让面积的比例	%
建设用地价格	建设用地出让总收入与出让总面积的比值	万元/公顷
人均 GDP	GDP 总量与人口总量的比值	元

二　数据来源与说明

被解释变量主要包括共同前沿与群组前沿下各城市建设用地利用效率值，来源于第五章的测算结果；解释变量中城市建设用地利用结构数据，即各类单项城市建设用地面积与总量建设用地面积来源于《中国城市建设统计年鉴》（2003—2014），城市建设用地出让收入、协议出让面积与"招拍挂"出让面积来源于《中国国土资源统计年鉴》（2004—2015）以及《中国国土资源年鉴》（2004—2015），GDP、城区人口来源于《中国城市统计年鉴》（2004—2015），GDP 指数来源于《中国统计

年鉴》（2004—2015）。另外，需要说明的是，本章将研究时间范围界定
为 2003—2014 年，原因在于《中国国土资源统计年鉴》从 2003 年开
始，针对城市国有土地出让数据，分类统计协议出让与"招拍挂"出让
两种出让方式的各类指标数据。

第三节　全国层面用地效率的影响因素分析

基于前述影响机理的分析以及计量模型的构建，本节以全国整体城
市样本进行实证检验。首先，全国城市样本下的建设用地利用效率影响
因素的描述统计结果如表 6-2 所示。全国样本回归模型中共计 2856 个观
测样本，被解释变量是共同前沿下测算的建设用地利用效率值，最小值
为 0.13，最大值为 1，离散系数为 0.37；解释变量中，居住用地占建设
用地总量的比例最小值为 8.03%，最大值为 67.30%，离散系数为 0.24；
公共设施用地占建设用地总量的比例最小值为 1.29%，最大值为
30.76%，离散系数为 0.32；工业用地占建设用地总量的比例最小值为
2.55%，最大值为 47.79%，离散系数为 0.34；"招拍挂"出让面积占总
出让面积的比例最小值为 0.65%，最大值为 100%，离散系数为 0.43；
建设用地价格最小值为 28.27 万元/公顷，最大值为 15216 万元/公顷，
离散系数为 1.14；人均 GDP 最小值为 2108 元，最大值为 86539 元，离
散系数为 0.64。

表 6-2　　　　　　　2003—2014 年全国城市样本的各变量描述性统计

变量	样本数量（个）	平均值	最大值	最小值	标准差	离散系数
共同前沿效率	2856	0.67	1.00	0.13	0.25	0.37
居住用地占比（%）	2856	31.42	67.30	8.03	7.60	0.24
公共设施用地占比（%）	2856	14.95	30.76	1.29	4.81	0.32
工业用地占比（%）	2856	21.07	47.79	2.55	7.24	0.34
"招拍挂"占比（%）	2856	68.19	100.00	0.65	29.37	0.43
建设用地价格（万元/公顷）	2856	646.80	15216.00	28.27	734.30	1.14
人均 GDP（元）	2856	13164.00	86539.00	2108.00	8478.00	0.64

其次，对建设用地利用效率的影响因素进行回归分析。在进行回归分析之前，本书还进行了多重共线性检验，各变量方差膨胀因子（VIF）的最大值为 1.58，平均值为 1.36，远小于 10，故不必担心存在多重共线性。[①] 回归的方法已在前文说明，回归结果如表 6-3 所示。

表 6-3　　　　　全国城市样本的回归结果

变量	模型（1）		模型（2）	
	系数	边际效应	系数	边际效应
居住用地占比	0.0008 (0.0015)	—	0.0009 (0.0015)	—
公共设施用地占比	0.0051** (0.0022)	0.0046	0.0047** (0.0022)	0.0043
工业用地占比	−0.0146*** (0.0049)	−0.0021	−0.0142*** (0.0050)	−0.0019
工业用地占比的二次项	0.0003*** (0.0001)		0.0003*** (0.0001)	
"招拍挂"占比	−0.0043*** (0.0009)	−0.0005	−0.0043*** (0.0009)	−0.0004
"招拍挂"占比的二次项	2.78e−05*** (0.0000)		2.83e−05*** (0.0000)	
建设用地价格	0.0424*** (0.0116)	0.0382	0.0379*** (0.0116)	0.0343
人均 GDP 对数	−1.9594*** (0.7081)	0.1846	−2.0141*** (0.7061)	0.1786
人均 GDP 对数的二次项	0.1160*** (0.0383)	—	0.1185*** (0.0382)	—
D1	—	—	−0.0907** (0.0400)	—
D2	—	—	0.0553 (0.0360)	—
D3	—	—	0.1179** (0.0468)	—
常数项	8.8081*** (3.2445)	—	9.1234*** (3.2376)	—
个体效应标准差	0.2123*** (0.0162)	—	0.2055*** (0.0160)	—
随机干扰标准差	0.1799*** (0.0042)	—	0.1800*** (0.0042)	—

[①] 方差膨胀因子（VIF）越大则说明多重共线性问题越严重，一个经验规则是，最大的 VIF 不超过 10。

续表

变量	模型（1）		模型（2）	
	系数	边际效应	系数	边际效应
Rho 值	0.5820	—	0.5660	—
Wald 检验值	156.4940	—	213.7970	—
P 值	0.0000	—	0.0000	—
样本数	2856	—	2856	—

注：＊、＊＊、＊＊＊分别表示在 10%、5%、1%的水平下显著；括号中表示的是在自抽样 2000 次下的稳健标准误。

由表 6-3 可知，模型（1）与模型（2）中加入了工业用地占建设用地总量的比例的二次项，原因在于我们通过散点图发现，建设用地利用效率与工业用地占建设用地总量的比例可能存在二次函数关系；同理，人均 GDP 以及建设用地"招拍挂"出让面积占总出让面积的比例，也加入了相对应的二次项变量。模型（2）中，还加入了区别城市类型的虚拟变量，D1＝1 表示资源型城市，D2＝1 表示工业主导型城市，D3＝1 表示区域综合型城市，目的在于进一步验证城市类型是否显著影响城市建设用地的利用效率，检验假说一。两个模型的 Wald 检验值分别为 156.4940 和 213.7970，P 值均为 0，都在 1%的水平下通过了显著性检验，说明两个模型整体显著。从 Rho 值来看，均在 0.5 以上，说明个体效应的变化主要解释了建设用地利用效率的变化。具体分析如下。

（1）城市类型。虚拟变量 D1 与 D3 通过了显著性检验，而 D2 没有通过显著性检验，说明了资源型城市、区域综合型城市与其他类型城市的用地效率存在显著差异，验证了本书的研究假说一。另外，由系数值可知，资源型城市的建设用地利用效率比其他类型城市低 0.0907，区域综合型城市的建设用地利用效率比其他类型城市高 0.1179。

（2）建设用地利用结构指标。居住用地占比没有通过显著性检验，说明针对全国主要城市的总体样本而言，居住用地占建设用地总量的比例的变化对共同前沿下的建设用地利用效率没有显著影响。

公共设施用地占比的系数在 5%的水平下通过了显著性检验，系数作用方向为正，说明提高公共设施用地占建设用地总量的比例，有利于提高建设用地利用效率。从边际效应来看，为 0.0046，即公共设施用地占建设用地总量的比例每提高一个百分点，建设用地利用效率提高0.0046。公共设施用地不仅包括行政、文化、教育、卫生等公共服务的用地，还包括商业、商务等设施用地，总体来看，提高公共设施用地比例，能够为城市发展提供基础设施支撑以及商业用地，从而提高建设用地利用效率。

工业用地占比及其二次项系数都在1%的水平下通过了显著性检验，系数作用方向分别为负向、正向，即建设用地利用效率与工业用地占建设用地总量的比例呈先下降后上升的正"U"形关系。另外，该变量在平均值处的边际效应为-0.0021，即工业用地占建设用地总量的比例每提高一个百分点，建设用地利用效率将下降0.0021。城市在发展过程中，工业进程是由"低产值、高污染"向"高产值、低污染"转变的过程。在城市发展初期，工业用地供给越多，尽管能够增加生产总值，但是污染严重，不利于建设用地利用效率的提高；当城市发展处于较高水平时，产业逐步向高新技术产业转移，产生更高的生产总值，且污染程度低，有利于建设用地利用效率的提高。

（3）建设用地价格。由于城市建设用地价格的详细数据很难获取，因此采用"招拍挂"出让的建设用地平均价格作为城市建设用地价格的代理变量。尽管该变量不是一个高质量的指标，但由于以全国238个城市的12年数据，能够在一定程度上反映变化趋势。由回归结果可知，城市建设用地平均价格在1%的水平下通过了显著性检验，系数作用方向显著为正，说明城市建设用地价格越高，建设用地资源越稀缺，倒逼用地单位或者企业节约集约利用建设用地，提高建设用地利用效率。这一结果进一步验证了本书的研究假说三。

（4）城市土地市场。"招拍挂"占比及其二次项的系数都在1%的水平下通过了显著性检验，系数方向分别为负向、正向，说明建设用地利用效率与建设用地"招拍挂"出让面积占比呈先下降后上升的正"U"形关系。这一结果的作用机制可以解释为，当城市土地市场化水平处于较低时，城市经济发展水平也较低，此时需要政府通过协议或者划拨的方式，为城市提供基础设施用地、为一些经济效应较差的企业提供工业用地，从而满足城市发展的需要，故而不难理解为何建设用地"招拍挂"出让的面积占比越多，反而建设用地利用效率越低的结论；当城市发展水平达到一定程度时，城市公共设施、产业基础达到一定程度，城市土地市场发育较为完全，通过"招拍挂"出让方式供应土地，有利于市场竞争，企业能力强的能够获得土地的使用权，建设用地利用效率相对较高。另外，该变量在平均值处的边际效应为-0.0005，即建设用地"招拍挂"出让占总出让面积的比例每提高一个百分点，建设用地利用效率下降0.0005。

（5）经济发展水平。从人均GDP对数与人均GDP对数的二次项来看，两者的系数都在1%的水平下通过了显著性检验，系数方向分别为负向、正向。说明建设用地利用效率与经济发展水平呈先下降后上升的正"U"形关系。这一结果的作用机制可以解释为当经济发展处于低层次水平时，以牺牲环境作为代价来发展经济，当经济发展水平达到一定程度后，经济反哺资源利用，不仅在资源利用技术水平上得到提升，还能控制环境污染，能够提高土地资源综合利用效率。另外，该变量在平均值处的边际效应为0.1846，即人均GDP每提高10%，建设用地利用效率提高0.0185。

基于上述对回归结果的分析，综合来看，针对全国城市样本而言，建设用地利用效率的影响因素主要有公共设施用地占建设用地总量的比例、工业用地占建设用地总量的比例、建设用地"招拍挂"出让面积占总出让面积的比例、建设用地价格和经济发展水平，而居住用地占建设用地总量的比例对建设用地利用效率无显著影响。显著影响的因素之中，公共设施用地占建设用地总量的比例、建设用地价格与建设用地利用效率的作用方向为正，工业用地占建设用地总量的比例、建设用地"招拍挂"出让面积占总出让面积的比例、经济发展水平与建设用地利用效率间的关系为正"U"形，具体结果汇总如表6-4所示。

表6-4　　　　　全国层面建设用地利用效率的影响因素

影响因素	影响方向
公共设施用地占建设用地总量的比例	+
工业用地占建设用地总量的比例	正"U"形
建设用地价格	+
"招拍挂"出让面积占总出让面积的比例	正"U"形

影响因素	影响方向
经济发展水平	正"U"形

第四节　不同类型城市的用地效率影响因素分析

上文针对全国层面的建设用地利用效率影响因素展开了实证分析，本节将分不同类型城市考察建设用地利用效率的影响因素。

一　资源型城市的用地效率分析

首先，资源型城市的建设用地利用效率影响因素的描述统计如表6-5所示。

表 6-5　　　　　　　2003—2014 年资源型城市的各变量描述性统计

变量	样本数量（个）	平均值	最大值	最小值	标准差	离散系数
群组前沿效率	276	0.84	1.00	0.28	0.20	0.24
居住用地占比（%）	276	36.86	61.37	18.07	9.78	0.27
公共设施用地占比（%）	276	12.98	28.02	2.83	5.48	0.42
工业用地占比（%）	276	20.49	32.12	5.03	5.07	0.25
"招拍挂"占比（%）	276	67.87	100.00	0.65	28.01	0.41
建设用地价格（万元/公顷）	276	392.10	1880.00	83.95	261.50	0.67
人均GDP（元）	276	17145.00	86539.00	3538.00	18045.00	1.05

资源型城市回归模型中共计 276 个观测样本，被解释变量是群组前沿下测算的建设用地利用效率值，最小值为 0.28，最大值为 1，离散系数为 0.24；解释变量中，居住用地占比最小值为 18.07%，最大值为 61.37%，离散系数为 0.27；公共设施用地占比最小值为 2.83%，最大值为 28.02%，离散系数为 0.42；工业用地占比最小值为 5.03%，最大值为 32.12%，离散系数为 0.25；"招拍挂"占比最小值为 0.65%，最大值为 100%，离散系数为 0.41；建设用地价格最小值为 83.95 万元/公顷，最大值为 1880 万元/公顷，离散系数为 0.67；人均 GDP 最小值为

3538 元，最大值为 86539 元，离散系数为 1.05。

其次，我们对建设用地利用效率的影响因素进行回归分析。在展开回归分析之前，进行了多重共线性检验，方差膨胀因子（VIF）最大值为 2.92，平均值为 1.65，远小于 10，故不必担心存在多重共线性。回归结果如表 6-6 所示。

表 6-6　　　　　　　　　　　　资源型城市的回归结果

变量	模型（3）	
	系数	边际效应
居住用地占比	−0.0038 （0.0064）	—
公共设施用地占比	0.0036 （0.0058）	—
工业用地占比	−0.0123** （0.0057）	−0.0067
"招拍挂"占比	0.0003 （0.0007）	—
建设用地价格	0.0261 （0.0274）	—
人均 GDP 对数	0.1228* （0.0643）	0.0674
常数项	−0.0186 （0.7310）	—
个体效应标准差	0.2564*** （0.0611）	—
随机干扰标准差	0.1432*** （0.0198）	—
Rho 值	0.7620	—
Wald 检验值	14.4350	—
P 值	0.0251	—
样本数	276	—

　　注：*、**、***分别表示在 10%、5%、1%的水平下显著；括号中表示在自抽样 2000 次下的稳健标准误。

从表 6-6 中可以看出，模型的 Wald 检验值为 14.4350，P 值为 0.0251，在 5%的水平下通过了显著性检验，说明模型整体显著。从 Rho 值来看，个体效应的变化主要解释了建设用地利用效率的变化。具体分析如下。

（1）建设用地利用结构指标。居住用地占建设用地总量比例的系数为负，但没有通过显著性检验，说明提高居住用地占建设用地总量的比例，对建设用地利用效率没有显著影响。对于资源型城市而言，回顾第四章的建设用地利用特征分析结果，资源型城市的居住用地占建设用地总量的比例显著高于另外三类城市，居住用地可以满足当前城市居民生活的需求，应当减少居住用地的供给，可能会提高建设用地利用效率，但实证结果并不显著，原因可能在于研究样本偏少。公共设施用地占建设用地总量的比例的系数为正，但没有通过显著性检验，说明提高公共设施用地占建设用地总量的比例，对建设用地利用效率没有显著影响。工业用地占建设用地总量的比例的系数在5%的水平下通过了显著性检验，系数作用方向为负向，说明下调工业用地占建设用地总量的比例，能够提高建设用地利用效率。资源型城市可能需要促进产业升级，淘汰落后企业，引进科技创新型产业，工业用地的审批应该向这类企业倾斜。从边际效应来看，工业用地占建设用地总量的比例每下调一个百分点，建设用地利用效率提高0.0067。

（2）建设用地价格。城市建设用地平均价格没有通过显著性检验。可能的原因在于资源型城市样本量相对城市总体样本较少，另外，指标本身质量不高，导致回归结果不显著。

（3）城市土地市场。建设用地"招拍挂"出让面积占总出让面积的比例的系数为正，但没有通过显著性检验，说明提高建设用地"招拍挂"出让面积占总出让面积的比例，对建设用地利用效率没有显著影响。

（4）经济发展水平。人均GDP对数的系数在10%的水平下通过了显著性检验，系数方向为正向。说明经济发展水平越高，建设用地利用效率越高。这一点与资源型城市非常吻合，因为资源型城市的建设用地利用重点在于资源开采，随着经济发展水平的提高，先进技术的引进、高层次人才的加入、环境治理能力的提升，这些因素一方面提高了经济产出，另一方面减少了环境污染，显著提高建设用地利用的综合效率。从边际效应来看，人均GDP每增加10%，建设用地利用效率提高0.0067。

基于上述对回归结果的分析，综合来看，针对资源型城市而言，建设用地利用效率的影响因素主要有工业用地占建设用地总量的比例和经济发展水平，而居住用地占建设用地总量的比例、公共设施用地占建设用地总量的比例、建设用地"招拍挂"出让面积占总出让面积的比例、建设用地价格等均对建设用地利用效率无显著影响。显著影响的因素之中,工业用地占建设用地总量的比例、经济发展水平与建设用地利用效率间的关系分别为负向、正向,具体结果汇总如表6-7所示。

表6-7 资源型城市建设用地利用效率的影响因素

影响因素	影响方向
工业用地占建设用地总量的比例	－
经济发展水平	＋

二 工业主导型城市的用地效率分析

首先,工业主导型城市的建设用地利用效率影响因素的描述统计如表6-8所示。工业主导型城市回归模型中共计564个观测样本,被解释变量是群组前沿下测算的建设用地利用效率值,最小值为0.26,最大值为1,离散系数为0.27;解释变量中,居住用地占比最小值为15%,最大值为47.04%,离散系数为0.18;公共设施用地占比最小值为6.11%,最大值为28.32%,离散系数为0.28;工业用地占比最小值为9.32%,最大值为47.79%,离散系数为0.23;"招拍挂"出让面积占总出让面积的比例最小值为0.86%,最大值为100%,离散系数为0.47;建设用地价格最小值为28.27万元/公顷,最大值为6590万元/公顷,离散系数为0.96;人均GDP最小值为6231元,最大值为63898元,离散系数为0.40。

表6-8 2003—2014年工业主导型城市的各变量描述性统计

变量	样本数量（个）	平均值	最大值	最小值	标准差	离散系数
群组前沿效率	564	0.78	1.00	0.26	0.21	0.27
居住用地占比（%）	564	27.75	47.04	15.00	5.04	0.18
公共设施用地占比（%）	564	13.62	28.32	6.11	3.80	0.28
工业用地占比（%）	564	26.29	47.79	9.32	6.33	0.23
"招拍挂"占比（%）	564	66.44	100.00	0.86	31.30	0.47
建设用地价格（万元/公顷）	564	682.00	6590.00	28.27	678.80	0.96

续表

变量	样本数量（个）	平均值	最大值	最小值	标准差	离散系数
人均 GDP（元）	564	17085.00	63898.00	6231.00	6862.00	0.40

　　其次，我们对建设用地利用效率的影响因素进行回归分析。在开展回归分析之前，进行了多重共线性检验，方差膨胀因子（VIF）最大值为 1.43，平均值为 1.24，远小于 10，故不必担心存在多重共线性。回归结果如表 6-9 所示。

表 6-9　　　　　　　　　　　工业主导型城市的回归结果分析

变量	模型（4）	
	系数	边际效应
居住用地占比	−0.0019 （0.0047）	—
公共设施用地占比	−0.0115 * （0.0070）	−0.0080
工业用地占比	−0.0047 （0.0043）	—
"招拍挂"占比	−0.0013 *** （0.0004）	−0.0009
建设用地价格	0.0021 （0.0291）	—
人均 GDP 对数	0.1415 ** （0.0682）	0.0982
常数项	−0.1109 （0.7207）	—
个体效应标准差	0.2327 *** （0.0261）	—
随机干扰标准差	0.1767 *** （0.0129）	—
Rho 值	0.6340	—
Wald 检验值	18.3290	—
P 值	0.0055	—
样本数	564	—

　　注：*、**、*** 分别表示在 10%、5%、1% 的水平下显著；括号中表示在自抽样 2000 次下的稳健标准误。

由表 6-9 可知，模型的 Wald 检验值为 18.3290，P 值为 0.0055，在 1% 的水平下通过了显著性检验，说明模型整体显著。从 Rho 值来看，说明个体效应的变化主要解释了建设用地利用效率的变化。具体分析如下。

（1）建设用地利用结构指标。居住用地占比、工业用地占比的系数皆为负，但都没有通过显著性检验，说明提高居住用地占建设用地总量的比例、工业用地占建设用地总量的比例，对建设用地利用效率没有显著影响。而公共设施用地占比的系数为负，且通过了显著性检验，说明降低公共设施用地占建设用地总量的比例，能够提高建设用地利用效率。工业主导型城市需要注重公共设施用地的空间布局优化，集约利用公共设施用地。

（2）建设用地价格。城市建设用地价格没有通过显著性检验。可能的原因在于工业主导型城市样本量相对城市总体样本较少，另外，指标本身质量不高，导致回归结果不显著。

（3）城市土地市场。"招拍挂"占比的系数为负，并且在 1% 的水平下通过了显著性检验，说明降低建设用地"招拍挂"出让面积占总出让面积的比例，能够提高建设用地的利用效率。这一点与现有观点存在偏差，现有学者多数对工业用地的低价协议出让持否定态度，但从本书的研究结果来看，针对工业主导型城市，降低建设用地"招拍挂"出让面积占总出让面积的比例，有助于建设用地利用效率的提高。可能的原因是前期大量低效，市场化导致升值预期，采取多占，故低效。

（4）经济发展水平。人均 GDP 对数的系数在 5% 的水平下通过了显著性检验，系数方向为正向。说明经济发展水平越高，建设用地利用效率越高。这一点与工业主导型城市非常吻合，因为工业主导型城市的建设用地利用重点在于企业生产，随着经济发展水平的提高，高层次人才的加入、生产流程的改良，高兴技术产业逐步替代传统产业，不仅能够提高经济产出，还能减少生产过程中排放的污染物，从而能够提高建设用地利用的综合效率。另外，从边际效应来看，人均 GDP 每增加 10%，建设用地利用效率提高 0.0098。

基于上述对回归结果的分析，综合来看，针对工业主导型城市而言，建设用地利用效率的影响因素主要有公共设施用地占建设用地总量的比例、建设用地"招拍挂"出让面积占总出让面积的比例和经济发展水平；而居住用地、工业用地分别占建设用地总量的比例，建设用地价格对建设用地利用效率无显著影响。显著影响的因素之中，公共设施用地占建设用地总量的比例、建设用地"招拍挂"出让面积占总出让面积的比例与建设用地利用效率间的关系为负向，经济发展水平与建设用地利用效率间的关系为正向，具体结果如表6-10所示。

表6-10　　　　　工业主导型城市建设用地利用效率的影响因素

影响因素	影响方向
公共设施用地占建设用地总量的比例	－
"招拍挂"出让面积占总出让面积的比例	－
经济发展水平	＋

三　区域综合型城市的用地效率分析

首先，区域综合型城市的建设用地利用效率影响因素的描述统计结果如表6-11所示。区域综合型城市回归模型中共计456个观测样本，被解释变量是群组前沿下测算的建设用地利用效率值，最小值为0.27，最大值为1，离散系数为0.21；解释变量中，居住用地占比最小值为18.87%，最大值为54.50%，离散系数为0.20；公共设施用地占比最小值为1.94%，最大值为30.76%，离散系数为0.30；工业用地占比最小值为5.93%，最大值为47.79%，离散系数为0.31；"招拍挂"占比最小值为0.93%，最大值为99.81%，离散系数为0.46；建设用地价格最小值为116.1万元/公顷，最大值为15216万元/公顷，离散系数为1.03；人均GDP最小值为6694元，最大值为84170元，离散系数为0.54。

表6-11　　　　2003—2014年区域综合型城市的各变量描述性统计

变量	样本数量（个）	平均值	最大值	最小值	标准差	离散系数
群组前沿效率	456	0.86	1.00	0.27	0.18	0.21
居住用地占比（％）	456	29.47	54.50	18.87	5.90	0.20
公共设施用地占比（％）	456	16.28	30.76	1.94	4.94	0.30

变量	样本数量（个）	平均值	最大值	最小值	标准差	离散系数
工业用地占比（%）	456	21.46	47.79	5.93	6.66	0.31
"招拍挂"占比（%）	456	65.59	99.81	0.93	29.98	0.46
建设用地价格（万元/公顷）	456	1350.00	15216.00	116.10	1386.00	1.03
人均GDP（元）	456	20886.00	84170.00	6694.00	11230.00	0.54

其次，我们对建设用地利用效率的影响因素进行回归分析。在开展回归分析之前，进行了多重共线性检验，方差膨胀因子（VIF）最大值为1.87，平均值为1.40，远小于10，故不必担心存在多重共线性。回归结果如表6-12所示。

表 6-12　　　　　　　　　区域综合型城市的回归结果

变量	模型（5）	
	系数	边际效应
居住用地占比	-0.0060^{*} （0.0033）	-0.0028
公共设施用地占比	0.0050 （0.0063）	—
工业用地占比	-0.0103^{**} （0.0045）	-0.0047
"招拍挂"占比	0.0081^{**} （0.0037）	-0.0006
"招拍挂"占比的二次项	-0.0001^{**} （3.01 e-05）	—
建设用地价格	0.0128 （0.0270）	—
人均 GDP 对数	0.1585^{**} （0.0649）	0.0735
常数项	-0.5273 （0.7102）	—
个体效应标准差	0.1974^{***} （0.0377）	—
随机干扰标准差	0.1913^{***} （0.0222）	—
Rho 值	0.5160	—

续表

变量	模型（5）	
	系数	边际效应
Wald 检验值	32.3960	—
P 值	0.0000	—
样本数	456	—

注：*、**、***分别表示在10%、5%、1%的水平下显著；括号中表示在自抽样2000次下的稳健标准误。

从表6-12中可以看出，模型的 Wald 检验值为32.3960，P 值为0，在1%的水平下通过了显著性检验，说明模型整体显著。从 Rho 值（0.5160）来看，说明个体效应的变化主要解释了建设用地利用效率的变化。具体分析如下。

（1）建设用地利用结构指标。居住用地占比的系数在10%的水平下通过了显著性检验，系数作用方向为负，说明下调居住用地占建设用地总量的比例，能够提高建设用地利用效率。居住用地在城市发展过程中承担的功能是为城市居民提供居住场所，增加居住用地的供给，能够吸引人口向城市集中。对于区域综合型城市而言，城市的职能是一种复合型的，不仅提供居住的功能，还有交通枢纽、教育等一系列职能，而目前城市人口与城市发展不协调，与之相配的市政设施需要进一步完善。因此，降低居住用地占比，能够提高建设用地利用效率。公共设施用地占比的系数为正，但没有通过显著性检验，说明提高公共设施用地占建设用地总量的比例，对建设用地利用效率没有显著影响。工业用地占比的系数在5%的水平下通过了显著性检验，系数作用方向为负向，在均值处的边际效应为-0.0047，说明工业用地占建设用地总量的比例减少一个百分点，建设用地利用效率提高0.0047。区域综合型城市不是以工业生产为主导职能，而是一种综合型职能城市，提高更多的综合服务职能，这点与目前提出的"退二进三"政策相吻合。

（2）建设用地价格。城市建设用地价格没有通过显著性检验。可能的原因在于区域综合型城市样本量相对城市总体样本较少，另外，指标本身质量不高，导致回归结果不显著。

（3）城市土地市场。建设用地"招拍挂"占比及其二次项的系数都在 5% 的水平下通过了显著性检验，系数方向分别为正向、负向，说明建设用地利用效率与建设用地"招拍挂"出让面积占总出让面积的比例呈先上升后下降的倒"U"形关系。区域综合型城市并不是通过"招拍挂"方式出让建设用地越多，建设用地利用效率越高，区域综合型城市不仅提供经营性用地，还需要大量非经营性用地提供综合服务，若"招拍挂"出让面积超过临界点，建设用地会向经营性用地倾斜，与之配套的非经营性服务用地相对减少，两者之间不协调，导致建设用地利用效率下降。另外，该变量在平均值处的边际效应为 -0.0006，"招拍挂"出让面积占总出让面积的比例每提高一个百分点，建设用地利用效率下降 0.0006。

（4）经济发展水平。人均 GDP 对数的系数在 5% 的水平下通过了显著性检验，系数方向为正向。说明经济发展水平越高，建设用地利用效率越高。从边际效应来看，人均 GDP 每增加 10%，建设用地利用效率提高 0.0074。

基于上述对回归结果的分析，综合来看，针对区域综合型城市而言，建设用地利用效率的影响因素主要有居住用地占建设用地总量的比例、工业用地占建设用地总量的比例、"招拍挂"出让面积占总出让面积的比例和经济发展水平，而公共设施用地占建设用地总量的比例、建设用地价格对建设用地利用效率无显著影响。显著影响的因素之中，居住用地占建设用地总量的比例、工业用地占建设用地总量的比例与建设用地利用效率间的关系为负向，"招拍挂"出让面积占总出让面积的比例与建设用地利用效率间的关系为倒"U"形，经济发展水平与建设用地利用效率间的关系为正向，具体结果汇总如表 6-13 所示。

表 6-13　　　　区域综合型城市建设用地利用效率的影响因素

影响因素	影响方向
居住用地占建设用地总量的比例	－
工业用地占建设用地总量的比例	－
"招拍挂"出让面积占总出让面积的比例	倒"U"形
经济发展水平	＋

四　其他类型城市的用地效率分析

首先，其他类型城市的建设用地利用效率影响因素的描述统计结果如表6-14所示。其他类型城市回归模型中共计1668个观测样本，被解释变量是群组前沿下测算的建设用地利用效率值，最小值为0.13，最大值为1，离散系数为0.31；解释变量中，居住用地占比最小值为8.03%，最大值为67.3%，离散系数为0.23；公共设施用地占比最小值为1.29%，最大值为30.34%，离散系数为0.31；工业用地占比最小值为2.55%，最大值为44.41%，离散系数为0.37；"招拍挂"占比最小值为0.79%，最大值为100%，离散系数为0.42；建设用地价格最小值为63.69万元/公顷，最大值为4775万元/公顷，离散系数为0.84；人均GDP最小值为2108元，最大值为29752元，离散系数为0.47。

表6-14　　　　2003—2014年其他类型城市的各变量描述性统计

变量	样本数量（个）	平均值	最大值	最小值	标准差	离散系数
群组前沿效率	1668	0.74	1.00	0.13	0.23	0.31
居住用地占比（%）	1668	32.03	67.30	8.03	7.51	0.23
公共设施用地占比（%）	1668	15.24	30.34	1.29	4.71	0.31
工业用地占比（%）	1668	19.68	44.41	2.55	7.32	0.37
"招拍挂"占比（%）	1668	69.34	100.00	0.79	28.87	0.42
建设用地价格（万元/公顷）	1668	535.00	4775.00	63.69	447.30	0.84
人均GDP（元）	1668	10192.00	29752.00	2108.00	4746.00	0.47

其次，我们对建设用地利用效率的影响因素进行回归分析。在开展回归分析之前，进行了多重共线性检验，方差膨胀因子（VIF）最大值为1.33，平均值为1.19，远小于10，故不必担心存在多重共线性。回归结果如表6-15所示。

表6-15　　　　　　　　其他类型城市的回归结果

变量	模型（6）	
	系数	边际效应
居住用地占比	0.0017 （0.0020）	—

续表

变量	模型（6）	
	系数	边际效应
公共设施用地占比	0.0056** （0.0027）	0.0046
工业用地占比	−0.0111* （0.0064）	−0.0006
工业用地占比的二次项	0.0003** （0.0001）	
"招拍挂" 占比	0.0002 （0.0002）	—
建设用地价格	0.0084 （0.0127）	—
人均 GDP 对数	−2.7681*** （0.9190）	0.1790
人均 GDP 对数的二次项	0.1638*** （0.0506）	
常数项	12.2624*** （4.1600）	—
个体效应标准差	0.2229*** （0.0187）	—
随机干扰标准差	0.1815*** （0.0065）	—
Rho 值	0.6010	—
Wald 检验值	51.2260	—
P 值	0.0000	—
样本数	1668	—

注：*、**、*** 分别表示在 10%、5%、1% 的水平下显著；括号中表示在自抽样 2000 次下的稳健标准误。

从表 6-15 中可以看出，模型的 Wald 检验值为 51.2260，P 值为 0，在 1% 的水平下通过了显著性检验，说明模型整体显著。从 Rho 值（0.6010）来看，说明个体效应的变化主要解释了建设用地利用效率的变化。具体分析如下。

（1）建设用地利用结构指标。居住用地占比的系数为正，但没有通过显著性检验，说明提高居住用地占建设用地总量的比例，对建设用地利用效率没有显著影响。公共设施用地占比的系数在 5% 的水平下通过了显著性检验，系数作用方向为正，说明提高居住用地占建设用地总量的

比例，有利于提高建设用地利用效率。从边际效应来看，大小为
0.0046，公共设施用地占建设用地总量的比例每提高一个百分点，建设
用地利用效率提高 0.0046。工业用地占建设用地总量的比例及其二次项
系数分别在 1% 和 5% 的水平下通过了显著性检验，系数作用方向分别为
负向、正向，即建设用地利用效率与工业用地占建设用地总量的比例呈
先下降后上升的正"U"形关系。另外，该变量在均值处的边际效应为
-0.0006，说明工业用地占建设用地总量的比例减少一个百分点，建设
用地利用效率提高 0.0006。

（2）建设用地价格。城市建设用地平均价格没有通过显著性检验。
可能的原因在于其他类型城市样本量相对城市总体样本较少，另外，指
标本身质量不高，导致回归结果不显著。

（3）城市土地市场。"招拍挂"占比的系数为正，但没有通过显著
性检验，说明提高建设用地"招拍挂"出让面积占总出让面积的比例，
对建设用地利用效率没有显著影响。

（4）经济发展水平。从人均 GDP 对数及其二次项的系数来看，两者
都在 1% 的水平下通过了显著性检验，系数方向分别为负向、正向，说明
建设用地利用效率与人均 GDP 呈先下降后上升的正"U"形关系。另
外，该变量在平均值处的边际效应为 0.1790，人均 GDP 每提高 10%，
建设用地利用效率提高 0.0179。

基于上述对回归结果的分析，综合来看，针对其他类型城市而言，
建设用地利用效率的影响因素主要有公共设施用地比例、工业用地比
例和经济发展水平，而居住用地比例、"招拍挂"出让面积占总出让面
积的比例、建设用地价格对建设用地利用效率无显著影响。显著影响
的因素之中，公共设施用地占建设用地总量的比例与建设用地利用效
率间的关系皆为正向，工业用地占建设用地总量的比例、经济发展水
平与建设用地利用效率间的关系皆为正"U"形，具体结果汇总如表
6-16所示。

表 6-16　　　　其他类型城市建设用地利用效率的影响因素

影响因素	影响方向
公共设施用地占建设用地总量的比例	+

影响因素	影响方向
工业用地占建设用地总量的比例	正"U"形
经济发展水平	正"U"形

五　影响因素差异分析：四类城市对比

基于上述分别对资源型城市、工业主导型城市、区域综合型以及其他类型城市的影响因素进行了实证检验，为了分析四类城市用地效率的影响因素之间的差异性，将四类城市的回归结果汇总如表6-17所示。

表6-17　　　　　　　　不同类型城市的回归结果对比

影响因素	资源型	工业主导型	区域综合型	其他类型
居住用地占建设用地总量的比例	不显著	不显著	—	不显著
公共设施用地占建设用地总量的比例	不显著	—	不显著	+
工业用地占建设用地总量的比例	—	不显著	—	正"U"形
建设用地价格	不显著	不显著	不显著	不显著
"招拍挂"出让面积占总出让面积的比例	不显著	—	倒"U"形	不显著
经济发展水平	+	+	+	正"U"形
样本数量	276	564	456	1668

总体来看，各类城市的建设用地利用效率影响因素存在显著差异，验证了本书提出的研究假说二。具体来看，居住用地占建设用地总量的比例对区域综合型城市的建设用地利用效率，存在显著的负向关系，而对资源型城市、工业主导型城市以及其他类型城市的用地效率，没有显著影响；公共设施用地占建设用地总量的比例对工业主导型城市、其他类型城市的用地效率，存在显著影响，而对余下两类城市影响不显著；工业用地占建设用地总量的比例对资源型城市、区域综合型城市的用地效率存在显著负向影响，与其他类型城市的关系为正"U"形，而对工

业主导型城市的影响不显著；"招拍挂"出让面积占总出让面积的比例，与区域综合型城市的关系为倒"U"形，与工业主导型城市的关系为负相关，而对资源型城市与其他类型城市的影响不显著；人均 GDP 与资源型、工业主导型和区域综合型城市都存在正相关关系，而与其他类型城市的关系为正"U"形。

第五节　本章小结

本章首先阐述了建设用地利用效率的影响机理；其次，从城市建设用地利用结构、土地市场、经济发展水平等方面构建了影响因素指标体系；最后，利用面板 Tobit 模型，从全国城市与不同类型城市两个层面分别检验了建设用地利用效率影响因素的差异性。实证结果表明：

（1）就全国城市样本而言，公共设施用地占建设用地总量的比例、工业用地占建设用地总量的比例、建设用地价格、"招拍挂"出让面积占总出让面积的比例、经济发展水平对建设用地利用效率存在显著影响，而居住用地占建设用地总量的比例对建设用地利用效率无显著影响。显著影响的因素之中，公共设施用地占建设用地总量的比例、建设用地价格与建设用地利用效率间的关系为正向，工业用地占建设用地总量的比例、"招拍挂"出让面积占总出让面积的比例、经济发展水平与建设用地利用效率间的关系为正"U"形。

（2）针对资源型城市而言，工业用地占建设用地总量的比例、经济发展水平对建设用地利用效率存在显著影响，作用方向分别为负向、正向，而居住用地占建设用地总量的比例、公共设施用地占建设用地总量的比例、"招拍挂"出让面积占总出让面积的比例、建设用地价格对建设用地利用效率无显著影响。

（3）针对工业主导型城市而言，建设用地利用效率的影响因素主要有公共设施用地占建设用地总量的比例、建设用地"招拍挂"出让面积占总出让面积的比例和经济发展水平，而居住用地、工业用地分别占建设用地总量的比例，建设用地价格对建设用地利用效率无显著影响。显著影响的因素之中，公共设施用地占建设用地总量的比例、"招拍挂"出让面积占总出让面积的比例与建设用地利用效率间的关系皆为负向，经济发展水平与建设用地利用效率间的关系为正向。

（4）针对区域综合型城市而言，建设用地利用效率的影响因素主要有居住用地与工业用地分别占建设用地总量的比例、"招拍挂"出让面积占总出让面积的比例和经济发展水平，而公共设施用地占建设用地总量的比例、建设用地价格对建设用地利用效率无显著影响。显著影响的因素之中，居住用地、工业用地分别占建设用地总量的比例与建设用地利用效率间的关系皆为负向，"招拍挂"出让面积占总出让面积的比例与建设用地利用效率间的关系为倒"U"形，经济发展水平与建设用地利用效率间的关系为正向。

（5）针对其他类型城市而言，公共设施用地占建设用地总量的比例、工业用地占建设用地总量的比例、经济发展水平对建设用地利用效率存在显著影响，而居住用地占建设用地总量的比例、建设用地价格、"招拍挂"出让面积占总出让面积的比例对建设用地利用效率无显著影响。显著影响的因素之中，公共设施用地占建设用地总量的比例与建设用地利用效率间的关系为正向，工业用地占建设用地总量的比例、经济发展水平与建设用地利用效率间的关系皆为正"U"形。

第七章　结论与讨论

城市建设用地资源稀缺已经成为制约城市社会与经济发展的重要"瓶颈"，而严格的耕地保护政策又阻断了建设用地的外部供给，因此必须依靠存量建设用地的效率提升，才能解决城市可持续发展过程中的土地稀缺问题。本书首先基于城市职能的异质性对城市类型进行了考察，在此基础上探讨了不同类型城市的建设用地利用特征；其次，在考虑城市类型存在差异性的情况下，利用 SBM 非期望产出模型和共同前沿模型，将非期望性产出纳入上述建设用地利用效率评价模型之中，考察了共同前沿、群组前沿下不同类型城市的建设用地利用效率；再次，分析了城市建设用地利用效率的影响机理，完善了用地效率影响因素指标体系，构建了面板 Tobit 回归模型，利用 2003—2014 年的面板数据，从全国城市和分不同类型城市两个维度实证检验了建设用地利用效率的影响因素；最后，基于建设用地利用效率的评价结果以及影响因素的实证分析，从全国一般性以及不同类型城市两个维度探讨了差别化的建设用地利用效率提升路径，以期实现节约集约用地、满足城市经济发展中对建设用地的刚性需求。

第一节　研究结论

一　城市建设用地利用结构呈现明显的城市类型分异特征

在考虑城市类型差异性的情况下，利用 2000—2014 年地级及以上城市的面板数据，分类考察了不同类型城市的建设用地利用特征。总体而言，居住用地、公共设施用地、工业用地分别占建设用地总量的比例存在显著的城市类型分异特征，而其他几种地类占比差异不大。分地类来看，就居住用地占建设用地总量的比例而言，指标均值从高到低依次为资源型城市、其他类型城市、区域综合型城市和工业主导型城市；就公共设施用地占建设用地总量的比例而言，指标均值从高到低依次为区域综合型城市、其他类型城市、工业主导型城市和资源型城市；就工业用地占建设用量总量的比例而言，指标均值从高到低依次为工业主导型城市、区域综合型城市、其他类型城市和资源型城市。另外，从利用均衡度来看，从高到低依次为区域综合型城市、工业主导型城市、其他类型城市和资源型城市。

二　不同类型城市的建设用地利用效率存在显著差异

在共同前沿下，2000—2010 年效率均值从高到低依次为区域综合型城市、工业主导型城市、其他类型城市和资源型城市；在群组前沿下，效率均值没有呈现明显的城市类型分异特征。比较共同前沿与群组前沿下不同类型城市的建设用地利用效率，其他类型城市与区域综合型城市相差较小，分别为 0.082、0.106，其次工业主导型城市，为 0.118，排在末位的是资源型城市，达到 0.267。共同前沿下的有差异与群组前沿下的无分异，恰恰印证了本书从城市类型差异性视角考察建设用地利用效率的必要性与合理性。

三　考虑非期望性产出情况下的建设用地利用效率普遍偏低

随着科技的不断进步，理论上建设用地利用的技术水平不断提高，建设用地利用效率也应提升，但本书在考虑建设用地利用过程中带来的环境污染问题时，在选取的研究时间段内，建设用地利用效率并没有显著提高。在共同前沿下，全国城市的建设用地利用效率均值在 0.7 上下来回波动，特别是资源型城市，效率均值不超过 0.6，说明在生态文明建设背景下，城市建设用地利用效率存在很大的改善空间。

四　不同类型城市的建设用地利用效率的影响机理存在差异

本书基于城市职能差异性对城市类型进行了划分，探讨了不同类型城市的建设用地利用效率的影响机理，研究结果表明，不同类型城市之间存在差异。

（1）就全国城市样本而言，公共设施用地占建设用地总量的比例、建设用地价格与建设用地利用效率间的关系为正向，说明提高公共设施用地占建设用地的比例和建设用地价格，能够提高建设用地利用效率；工业用地占建设用地总量的比例、"招拍挂"出让面积占总出让面积的比例、经济发展水平与建设用地利用效率间的关系为正"U"形，说明这三种指标随着指标值的增大先降低了建设用地利用效率，当达到各自拐点后，能够提高建设用地利用效率。

（2）针对资源型城市而言，工业用地占建设用地总量的比例、经济发展水平对建设用地利用效率存在显著影响，作用方向分别为负向、正向，说明下调工业用地占建设用地的比例、提高经济发展水平，能够提高建设用地利用效率；而居住用地与公共设施用地分别占建设用地总量的比例、"招拍挂"出让面积占总出让面积的比例、建设用地价格对建设用地利用效率无显著影响。

（3）针对工业主导型城市而言，公共设施用地占建设用地总量的比例、"招拍挂"出让面积占总出让面积的比例与建设用地利用效率间的关系为负向，说明下调公共设施用地占建设用地总量的比例、降低"招拍挂"出让面积占总出让面积的比例，能够提高建设用地利用效率；经济发展水平与建设用地利用效率间的关系为正向，说明随着经济发展水平的提高，能够提高建设用地利用效率。

（4）针对区域综合型城市而言，居住用地、工业用地分别占建设用地总量的比例与建设用地利用效率间的关系为负向，说明下调居住用地、工业用地分别占建设用地的比例，能够提高建设用地利用效率；而"招拍挂"出让面积占总出让面积的比例与建设用地利用效率间的关系为倒"U"形，说明随着该指标值的增大先提高了建设用地利用效率，当达到拐点后，降低了建设用地利用效率；经济发展水平与建设用地利用效率间的关系为正向，说明经济发展水平的提高，能够提高建设用地利用效率。

（5）针对其他类型城市而言，公共设施用地占建设用地总量的比例与建设用地利用效率间的关系为正向，工业用地占建设用地总量的比例、经济发展水平与建设用地利用效率间的关系皆为正"U"形。

第二节　对策建议

一　依据城市类型，实施差别路径

我国城市数量众多，各个城市主导职能存在很大差异，导致不同类型城市在建设用地利用过程中存在差异性，因此，应该依据城市类型制定差别化的建设用地利用与管理政策，保障各类城市建设用地利用的高效性，达到节约集约用地与可持续发展的目标。据此，立足于前文针对建设用地利用效率的城市类型分异特征，主要从资源型城市、工业主导型城市与区域综合型城市三类城市，提出差别化的建设用地利用效率提升路径；通过实证分析发现，其他类型城市与全国总体样本差别不大，因而不再单独讨论此类城市的用地效率提升路径。

（一）资源型城市：控制污染源

进一步加大污染源的控制力度，提高资源型城市的建设用地利用效率。资源型城市在资源开采与加工过程中产生了大量的环境污染，其经济的发展是以牺牲环境为代价的。因此，需要提高经济质量，降低污染排放数量，提高建设用地利用效率。具体来看，可以实施下列措施：（1）借鉴国内外先进资源开采经验，引进先进技术，发展循环经济，充分利用资源特别是废弃资源，实现资源的循环利用；（2）实施集约型生产方式，在生产、消费等环节降低资源的消耗，强化清洁生产意识，控制污染源，实现从污染治理向源头控制的治理路径转变。

（二）工业主导型城市：促进产业升级

优化产业结构，促进产业升级。增强产业准入门槛。工业主导型城市主要是以制造业等工业生产为主导产业的城市，建设用地利用效率的高低取决于城市工业用地的产出水平。由于本书将建设用地利用效率界定为综合效率，不仅包括经济产出，还包括环境产出。工业企业经济效益高，但环境污染也相对较严重，工业用地利用效率取决于两者之间的均衡。因此，工业主导型城市应促进产业升级，发展"经济效益高、环境污染低"的产业，逐步淘汰"经济效益低、环境污染高"的产业。

（三）区域综合型城市：发挥集聚效应

区域综合型城市的建设用地利用效率相对于其他两类城市处于效率较高的城市群体，但是该类建设用地利用效率相对于处于效率前沿面的城市，仍然存在改进的空间。区域综合型城市相对于其他类型城市，对建设用地的需求更紧迫。一方面，需要划定城市发展边界，制约城市无序扩张的趋势；另一方面，通过提高建设用地利用效率，节约集约用地，满足城市经济发展与城市居民生产生活的需求。

进一步提升区域综合型城市的综合实力，发挥集聚效应。第五章的效率评价结果表明，区域综合型城市对我国城市整体建设用地利用效率水平有显著的提升和拉动作用，因此，要提升我国城市整体的建设用地利用效率水平，必须保证区域综合型城市建设用地利用效率水平稳步上升，在区域综合型城市的辐射作用下，促进周边城市的建设用地利用效率乃至全国建设用地利用效率水平的提升。区域综合型城市是高端人才、先进技术等要素的集聚地，该类城市可以率先提高人力资本水平和科技水平，实现产业结构优化升级和经济增长方式的转变，进一步提升建设用地利用效率水平。具体来看，一是充分发挥区域综合型城市在人才、技术上的优势，积极引导企业注重其自主创新能力的提高，加大研发资金和研发人员的投入，鼓励企业和科研机构将精力投入到节能、节水、节材环保及资源综合利用等技术开发、应用及设备制造方面，积极研发"三废"综合利用及治理技术。二是区域综合型城市应该实施集约化发展模式，优化资源配置特别是建设用地的优化配置，提高资源配置效率。通过发挥比较优势，实现生产要素的合理流动和优化配置：产业结构有序升级，优先发展具有比较优势的先进制造业、现代服务业和高新技术产业，努力发展高端及精深加工服务和产品，提高产品的附加值，延伸产业链，积极引导低附加值产业和劳动密集型产业逐步有序地向资源型城市与工业主导型城市转移；经济发展方式由劳动密集型向技术、资本密集型转变。

二 定位城市类型，规划用地边界

每个城市需要明确自身的职能定位，依据城市自身的职能定位，协调城市发展规划与城市土地利用总体规划之间的关系，明确城市不同发展阶段建设用地的分配，控制建设用地总量的增长。不同类型城市的建设用地结构、建设用地利用效率及其驱动机理都存在差异，因此，在考虑城市之间存在差异性的情况下，不仅要做好城市建设用地总量规划，还要做好每类建设用地的年度计划安排，才能保证建设用地的合理利用，有序提高建设用地利用效率，满足城市发展的需要。具体而言：①依据城市类型，规划城市发展边界；②依据城市类型，规划各类用地边界；③依据城市类型，规划不同时期的用地边界。

另外，为了实现城市土地管理的宏观目标，有效调控城市土地市场，保证城市建设用地价格的稳定，各地政府建立了城市土地储备制度，并制订城市土地年度计划。各地政府应当在城市土地利用规划下，依据建设用地总量指标，结合城市建设用地利用现状以及未来城市发展的需求，制订城市土地年度计划，并征求各级基层单位、研究机构、居民等相关群体的意见，做出相应调整后，及时公布。

三　调整用地结构，促进产业升级

调整建设用地的结构，增加公共设施用地占建设用地总量的比例，有利于提高建设用地利用效率；而降低工业用地占建设用地总量的比例，有利于提高建设用地利用效率。针对不同类型城市，应该实施差别化的用地政策。当然，在调整的过程中，应要考虑城市土地利用规划，逐步有序调整用地结构，实现建设用地的优化配置。

另外，进一步优化产业结构，促进产业升级。逐步淘汰"低产能、高污染"的产业，引进与强化高新技术产业，降低单位 GDP 的地耗水平，降低单位 GDP 的污染排放量。逐步解决快速经济发展过程中对建设用地的刚性需求，与此同时，有序提高建设用地利用的综合效率。发展循环经济，提高建设用地利用效率。循环经济是一种利用发展的办法解决城市土地资源约束与环境污染的矛盾。在城市发展过程中，应从注重量的发展向注重质的发展与综合效益的转变，特别是在产业引进与布局上，加大对企业的准入门槛。提高建设用地利用效率的关键在于产业。重视生产方式特别是工业生产方式以及消费模式的转变，从粗放型的经济增长向集约型的经济增长转变，从依靠开采自然资源（如矿产资源）的经济增长向依赖自然资源与再生资源（如资本）并重的经济增长转变。

诚然，用地结构的调整涉及城市规划，而当前城市各项规划各自为政，应该成立城市规划领导小组，加强各个部门之间的交流与合作，实现城市总体规划、城市社会经济规划、城市土地利用总体规划等多项规划的统一协调。破解资源要素约束，统筹生产、生活、生态用地的结构与布局。城市多项规划的编制，不仅要在组织上实现统一领导，还要在编制内容上实现统一，每项规划之间相互联系，相互影响，相互协调。所有的规划最终都要落实在土地规划上，实现"规划一张图"，最终实现"多规合一"。具体而言：

（1）明确各规划的功能定位，梳理规划之间的关系。城市的规划主要涉及国民经济和社会发展规划、城市总体规划、城市土地利用总体规划等。首先，需要明确各类规划的内容、范围以及功能定位。其次，梳理各类规划之间的关系。各类规划之间应是相互协调、相互影响的作用关系，规划内容应相互融合。

（2）成立规划领导小组，做好顶层设计。地方政府成立规划领导小组，形成一个既有统一意志，又有部门协调的良性运作机制。各个部门在统一领导下，按照各展所长、各得其所的要求，合理确定运作程序和编制流程，实现形神兼备的"多规合一"。

四　发挥市场作用，明确政府职能

实证分析已验证，建设用地价格对城市建设用地利用效率存在显著的正向影响，因此，地方政府应继续发挥市场在城市建设用地配置过程中的决定性作用。建设用地价格能够对建设用地配置进行动态协调，市场价格能够传递建设用地配置信号；另外，市场竞争能够提高建设用地利用效率。市场在城市建设用地配置中发挥决定性作用，并不是说政府就不需要干预了。政府管的多与少不能简单说明政府的作用，而应该是政府管得有效的地方，政府应该发挥行政干预作用，管得没有效率的地方，政府应该放权。针对提高建设用地利用效率，政府应该监督用地单位或者企业的用地行为，比如企业的环境污染排放问题、企业的"囤地"行为。禁止土地市场的不正当竞争行为。

为了更好地发挥政府的作用，需要政府简政放权。市场能够自发调节的建设用地利用行为，政府应当简化审批手续，规范管理审批事项，提高建设用地利用效率。明确需要通过划拨方式使用的土地范围，制定相应的法律法规，严格按照规定执行，避免"公地悲剧"的发生，提高城市建设用地利用效率。

简言之，城市建设用地利用效率的提升，既要注重效率，又要兼顾公平，发挥市场在资源配置中的决定性作用，而政府应当制定并完善相关法律法规，从而保证市场高效运行。

第三节　讨论与展望

一　讨论

（一）开展土地整治，挖掘存量用地

根据实证分析结果，每个城市存在建设用地投入冗余，如2014年全国238个城市建设用地留有9066.67平方千米的潜力，提升潜力较大，各市级地方政府应加大城市的土地整治，特别是低效建设用地的整治。

在城市建设过程中，由于一些人为或政策原因，大量建设用地闲置或者低效利用，因此，我们需要开展城市土地整治，挖掘存量建设用地，提高可利用建设用地数量，满足城市发展中对建设用地的刚性需求。通过实施旧城重划工程，调整现有居住用地、公共设施用地与工业用地的布局，优化产业结构，逐步提高建设用地利用效率。另外，城市土地整治不同于农村土地整治，整治过程中面临诸多困难，需要做好顶层设计。城市土地整治应该立足于城市土地利用总体规划、城市发展规划、城市产业发展规划，综合考虑城市的职能定位、产业基础、财政收入等一系列实际问题，进一步建立和完善与之相配套的法律法规，保证城市土地整治项目有序开展、按时按质完成预期的目标。具体而言：

（1）分类开展土地整治。首先，针对未按期利用的闲置土地，督促用地单位限期开发利用，否则，征收高昂的土地闲置费或者直接收回建设用地的土地使用权；其次，针对用地单位无力开发的闲置土地，地方政府给予一定的补偿，收回建设用地的使用权，再次出让建设用地的使用权；最后，针对由于政府或者相关单位造成的闲置土地，应因地制宜，

采取补偿、置换或延期开发等措施解决建设用地的闲置问题。

（2）加大对"城中村"的土地整治。由于"城中村"的用地规模潜力较大，我们应该快速、有序推进"城中村"的土地整治。通过"城中村"的土地整治，一方面，挖掘"城中村"的用地潜力，提高建设用地利用效率；另一方面，改善城市居住环境，减少环境污染，降低建设用地利用过程中产生的环境污染程度。

（二）在城市建设用地利用过程中，不能只关注经济产出与社会产出，同样需要关注环境产出

建设用地资源供给和城市建设用地污染会通过建设用地利用效率的高低来制约城市发展，城市发展又反过来影响建设用地利用效率。建设用地利用效率不仅与城市发展水平和建设用地资源利用情况有关，也与建设用地利用过程中环境污染和治理状况有很大的关系。据此，制定合理的提高建设用地利用效率的途径和措施时，应该兼顾建设用地资源价值和建设用地资源利用的可持续性。

（三）针对建设用地利用效率的评价，既要参照同种类型城市之间（组内）的效率最优城市，也要参考不同类型城市之间（组间）的效率最优城市

本书通过比较共同前沿、群组前沿下建设用地利用效率的分析结果，发现共同前沿下不同类型城市的用地效率差异较大，而群组前沿下不同类型城市的用地效率差异较小。同种类型城市内部的效率差异较小，城市通过一些用地政策调整，可以逐步达到组内的效率前沿；当接近于组内的效率前沿时，可以提高标准，参考组间前沿，从而进一步提高建设用地利用效率。

（四）定期开展建设用地利用效率评价

掌握城市建设用地利用水平是指导未来城市建设用地利用政策的依据。由于城市发展环境的不断变化，城市建设用地在利用过程中存在许多不确定性，用地效率随着时间的演进而出现上下波动，因此，我们需要定期开展建设用地利用效率评价，如每年一次或每两年一次，根据评价结果，及时调整土地管理政策。

二 展望

城市建设用地利用是未来我国土地资源管理领域关注的焦点，而提

高建设用地利用效率是今后及未来一段时期满足城市建设用地需求的关键之举。由于数据获取的局限性以及知识水平受限，本书在依据城市职能差异性区分城市类型的情况下，从宏观层面考察了建设用地利用效率，但一些问题仍需进一步探讨。

（一）探讨不同城市群之间的建设用地利用效率

本书从城市类型差异性视角考察了建设用地利用效率，指出不同类型城市建设用地利用效率存在显著差异。今后可以从城市群差异视角探讨城市建设用地利用效率，并将空间分析方法纳入效率差异评析之中，可能会得到包含空间地理信息的研究结论。

城市群既是中国土地资源集约利用的战略核心区和土地资源利用效率提升的战略重点区，也是区域高度一体化和同城化的城市群体，但同时又是土地资源利用粗放、集约利用效率低下等问题的重灾区。全面分析我国城市群土地利用效率的现状、时空特征及影响机理，有利于提高对城市群地区土地利用效率的认识，推进我国区域一体化背景下城市群土地利用效率的提升，为今后制定区域一体化与城市群土地利用的协调发展路径提供依据，对于提高城市群土地资源的利用效率具有重大价值。

（二）考察同种类型城市之间的建设用地利用效率差异

本书尽管在共同前沿、群组前沿下分析了城市建设用地利用效率的差异，但主要关注不同类型城市之间（组间）的建设用地利用效率的差异分析，没有深入分析同种类型城市之间（组内）的建设用地利用效率差异以及影响机理。相比不同类型城市之间（组间）的差异，同种类型城市之间（组内）相对较小，但差异同样客观存在，进一步细化同种类型城市之间的建设用地利用效率的影响机理，能够为提高建设用地利用效率提出具有针对性的政策建议。

（三）展开微观层面的建设用地利用效率分析

由于有关效率的定义，多数聚焦于相对效率，即效率值都是相对于最优单元（参照系）而言的，现有研究基本都是围绕省际层面、城市层面等多个评价单元展开相对效率的分析。这些分析的共同特点是，参考系都是决策单元自身以外的决策单元。从微观层面以某个城市为例，城市自身作为参考单元，分析该城市在时间序列上的效率演变规律，依据效率演变规律，立足于城市自身的实际情况，动态调整建设用地利用年度计划，有序提高建设用地利用效率，从而满足城市自身生产、生活的用地需求。对这些问题的考察可能是今后进一步研究的方向。

（四）剖析职能变迁中的城市的建设用地利用效率

本书通过定量分析，最终聚类出研究期内城市类型属性较稳定的 99 个城市，余下统一归为其他类型城市。针对其他类型城市，主要包括两种情况：一是城市属性稳定的城市，由于数据等原因本书没有单独考察其建设用地利用效率情况；二是城市属性不稳定的城市，没有被列入三类城市之中。然而，随着时间的演进，社会经济不断发展，城市的类型属性也会改变，随之引起城市建设用地利用结构的调整，特别是依托自然资源发展的资源型城市。依据我国公布的资源型城市名单，就地级市数量而言，远远超过本书讨论的资源型城市数量，说明存在大量的资源型城市处于转型时期。资源型城市发展规律一般分为兴起期、成长期、繁荣期、衰退期，不同时期伴随城市产业由资源开采与加工产业向非资源型产业转型。然而，产业的转型需要城市建设用地支撑，用地结构与产业结构实现同步调整，才能为城市产业转型做好土地支撑。因此，针对城市类型属性不稳定的城市，探讨该类城市建设用地利用特征以及利用效率具有较强的现实意义，也是未来可以探讨的方向。

附　　录

城市名称	2003 年	城市名称	2006 年	城市名称	2009 年	城市名称	2012 年
邯郸	16.74	大同	6.73	大同	1.75	大同	2.81
大同	5.34	阳泉	5.96	阳泉	9.18	阳泉	11.74
阳泉	5.23	阜新	4.29	乌海	14.48	乌海	14.58
乌海	11.03	盘锦	3.19	阜新	4.15	阜新	4.82
赤峰	9.70	辽源	0.21	盘锦	12.16	盘锦	16.79
阜新	10.19	白山	17.70	辽源	1.81	辽源	0.15
盘锦	10.04	松原	17.20	松原	22.42	白山	5.54
辽源	1.26	鸡西	13.73	鸡西	18.05	松原	1.03
白山	8.61	鹤岗	27.57	鹤岗	27.85	鸡西	9.46
松原	14.59	双鸭山	17.78	双鸭山	14.76	鹤岗	27.91
鸡西	12.60	大庆	13.99	大庆	13.67	双鸭山	13.81
鹤岗	17.76	七台河	24.49	七台河	27.74	大庆	14.26
双鸭山	20.01	徐州	11.90	徐州	14.37	七台河	24.69
大庆	13.09	淮南	0.67	淮南	1.16	淮南	6.41
七台河	30.84	淮北	15.34	淮北	21.65	淮北	22.00
徐州	8.51	宿州	18.80	宿州	15.31	萍乡	15.15
淮南	5.99	枣庄	8.33	萍乡	18.62	枣庄	4.46
淮北	22.87	东营	9.35	枣庄	6.05	东营	4.36
萍乡	17.67	平顶山	3.91	东营	3.62	平顶山	0.16
枣庄	8.25	鹤壁	0.21	平顶山	2.84	鹤壁	3.28
东营	23.76	濮阳	13.17	鹤壁	0.93	焦作	15.59
平顶山	1.11	六盘水	11.34	焦作	15.68	濮阳	4.17
鹤壁	5.45	铜川	7.67	濮阳	9.29	六盘水	11.69
焦作	14.08	白银	17.66	六盘水	12.19	铜川	9.84

续表

城市名称	2003 年	城市名称	2006 年	城市名称	2009 年	城市名称	2012 年
濮阳	6.38	克拉玛依	7.94	铜川	12.07	延安	2.61
广元	17.98	—	—	延安	6.61	克拉玛依	5.93
六盘水	9.65	—	—	白银	18.42	—	—
铜川	5.16	—	—	克拉玛依	8.35	—	—
银川	15.13	—	—	—	—	—	—
克拉玛依	8.54	—	—	—	—	—	—

附表 2　　　　　　　　　　工业主导型城市与聚类中心 I 的距离

城市名称	2003 年	城市名称	2006 年	城市名称	2009 年	城市名称	2012 年
天津	2.09	天津	2.78	天津	5.60	天津	0.11
石家庄	2.73	石家庄	8.79	秦皇岛	8.67	秦皇岛	10.77
秦皇岛	9.75	保定	3.22	保定	2.43	保定	3.22
邯郸	9.63	张家口	4.12	张家口	6.26	张家口	11.06
保定	1.25	承德	10.26	廊坊	3.68	廊坊	0.14
张家口	3.52	长治	4.03	长治	8.69	包头	5.40
承德	9.10	晋中	7.31	包头	1.07	大连	3.60
沧州	10.77	包头	9.27	沈阳	11.34	鞍山	1.21
衡水	9.48	大连	1.19	大连	1.47	抚顺	7.22
长治	6.57	鞍山	2.73	鞍山	4.57	本溪	7.46
晋中	2.63	抚顺	5.28	抚顺	2.23	营口	3.38
包头	14.31	本溪	0.27	本溪	0.87	辽阳	3.97
沈阳	10.73	丹东	7.42	锦州	6.40	葫芦岛	9.00
大连	0.90	锦州	7.07	营口	3.34	长春	10.77
鞍山	6.24	营口	4.26	辽阳	4.71	吉林	0.24
抚顺	3.80	辽阳	2.51	朝阳	5.44	四平	0.43
本溪	4.67	葫芦岛	1.95	葫芦岛	3.37	通化	7.93
丹东	3.92	长春	9.75	长春	9.67	齐齐哈尔	0.38
营口	6.54	吉林	0.92	四平	1.75	伊春	7.06
辽阳	0.19	四平	3.71	通化	5.32	南京	7.66
铁岭	10.94	通化	6.06	哈尔滨	7.98	无锡	13.38
朝阳	10.97	哈尔滨	6.44	齐齐哈尔	5.14	常州	1.12

续表

城市名称	2003 年	城市名称	2006 年	城市名称	2009 年	城市名称	2012 年
葫芦岛	4.77	齐齐哈尔	0.29	伊春	1.06	苏州	22.19
长春	4.18	伊春	11.84	南京	7.45	连云港	10.17
吉林	4.00	牡丹江	7.69	无锡	13.70	淮安	1.58
四平	5.28	南京	7.54	常州	1.26	盐城	11.37
通化	0.97	无锡	10.75	苏州	25.65	扬州	8.67
白城	6.06	常州	2.92	连云港	9.38	镇江	3.84
哈尔滨	0.07	苏州	24.71	淮安	5.75	泰州	0.50
齐齐哈尔	4.45	淮安	10.70	盐城	11.55	宿迁	0.81
伊春	12.00	扬州	6.10	扬州	6.70	宁波	6.85
佳木斯	9.39	镇江	4.76	镇江	1.83	嘉兴	5.95
牡丹江	0.26	泰州	2.15	泰州	0.89	衢州	6.32
南京	7.36	杭州	8.43	宿迁	8.54	台州	9.57
常州	6.95	宁波	8.20	杭州	11.68	芜湖	1.69
苏州	16.99	温州	0.94	宁波	11.37	马鞍山	2.71
淮安	9.05	嘉兴	19.32	温州	4.93	铜陵	9.99
盐城	9.87	湖州	2.81	嘉兴	13.92	安庆	10.64
扬州	5.84	绍兴	10.31	湖州	3.67	厦门	4.86
镇江	5.44	衢州	9.93	衢州	2.44	莆田	10.31
泰州	0.17	芜湖	2.82	台州	5.86	泉州	6.75
宁波	2.40	蚌埠	10.30	芜湖	0.26	漳州	1.52
温州	2.59	马鞍山	4.48	蚌埠	10.10	南平	10.95
嘉兴	0.59	铜陵	8.53	马鞍山	5.29	景德镇	0.25
绍兴	3.69	安庆	8.90	铜陵	6.31	新余	8.05
衢州	1.76	滁州	7.04	安庆	6.69	赣州	9.55
合肥	10.55	福州	5.76	滁州	10.42	青岛	3.83
芜湖	4.68	厦门	14.74	厦门	10.18	淄博	1.56
蚌埠	6.46	莆田	12.45	莆田	13.60	烟台	14.74
马鞍山	4.85	三明	0.35	三明	4.10	潍坊	4.98
铜陵	12.86	泉州	15.12	泉州	14.01	威海	15.92
安庆	0.96	漳州	2.55	漳州	8.08	日照	7.74
福州	5.74	南平	1.69	南平	3.25	莱芜	0.27
厦门	17.21	景德镇	7.22	景德镇	4.59	德州	3.12

续表

城市名称	2003 年	城市名称	2006 年	城市名称	2009 年	城市名称	2012 年
莆田	13.39	九江	9.38	新余	10.67	滨州	3.44
三明	4.47	新余	9.61	青岛	5.34	郑州	7.78
泉州	14.44	赣州	8.77	淄博	2.10	洛阳	10.78
漳州	1.62	青岛	9.47	烟台	14.42	新乡	0.21
南平	1.71	淄博	3.77	潍坊	1.65	许昌	6.27
南昌	10.58	烟台	8.12	威海	15.73	漯河	3.96
景德镇	2.30	潍坊	4.57	日照	3.53	黄石	6.38
萍乡	6.68	济宁	4.55	莱芜	2.97	十堰	3.99
九江	8.24	威海	16.28	临沂	8.68	鄂州	1.84
新余	6.40	莱芜	2.78	德州	1.94	荆门	7.72
赣州	10.92	临沂	8.77	滨州	12.32	荆州	3.49
青岛	7.55	德州	4.65	洛阳	4.96	株洲	3.47
淄博	5.33	滨州	14.47	安阳	10.63	湘潭	9.00
烟台	2.04	洛阳	2.86	新乡	0.59	广州	9.55
潍坊	5.42	安阳	9.91	许昌	2.27	韶关	7.59
济宁	3.63	新乡	2.93	漯河	1.09	江门	17.95
威海	17.43	焦作	2.35	黄石	3.77	肇庆	14.17
莱芜	7.11	许昌	3.82	宜昌	9.21	惠州	27.83
德州	4.73	漯河	0.98	鄂州	6.57	清远	3.49
滨州	11.50	黄石	5.17	荆门	9.52	中山	13.40
开封	10.44	十堰	14.53	荆州	4.28	柳州	10.10
洛阳	2.26	鄂州	5.18	株洲	0.96	梧州	11.45
安阳	1.15	荆门	7.04	湘潭	2.80	北海	5.93
新乡	0.26	荆州	1.35	广州	8.62	攀枝花	6.17
焦作	7.45	咸宁	7.58	韶关	7.11	德阳	3.20
许昌	5.21	株洲	0.74	江门	14.08	绵阳	0.10
漯河	0.28	湘潭	3.49	肇庆	11.12	乐山	9.80
武汉	7.26	广州	9.77	惠州	30.59	宜宾	9.87
黄石	8.52	韶关	6.16	清远	8.34	资阳	4.52
十堰	20.57	江门	10.14	东莞	5.57	宝鸡	2.92
鄂州	1.19	肇庆	1.93	中山	14.34	嘉峪关	25.17
荆门	4.74	惠州	29.27	潮州	0.02	金昌	6.75

续表

城市名称	2003 年	城市名称	2006 年	城市名称	2009 年	城市名称	2012 年
荆州	5.13	清远	2.54	柳州	3.49	—	—
株洲	7.87	东莞	7.15	自贡	9.77	—	—
湘潭	7.93	中山	14.85	攀枝花	7.68	—	—
衡阳	4.26	潮州	0.13	绵阳	1.09	—	—
韶关	2.39	柳州	5.92	乐山	9.87	—	—
江门	5.75	梧州	11.72	宜宾	4.71	—	—
肇庆	3.83	自贡	7.50	资阳	5.55	—	—
惠州	26.13	攀枝花	6.51	西安	10.49	—	—
东莞	4.35	德阳	8.36	宝鸡	1.50	—	—
中山	9.17	绵阳	4.93	咸阳	9.97	—	—
潮州	2.44	乐山	3.73	嘉峪关	28.78	—	—
柳州	4.57	宜宾	1.19	金昌	24.70	—	—
桂林	8.52	西安	7.90	白银	—	—	—
梧州	4.76	宝鸡	3.75	—	—	—	—
自贡	4.20	咸阳	3.38	—	—	—	—
攀枝花	9.45	嘉峪关	29.93	—	—	—	—
德阳	5.70	金昌	20.72	—	—	—	—
绵阳	2.54	白银	3.40	—	—	—	—
乐山	1.52	—	—	—	—	—	—
宜宾	6.67	—	—	—	—	—	—
资阳	7.04	—	—	—	—	—	—
六盘水	6.44	—	—	—	—	—	—
遵义	10.09	—	—	—	—	—	—
西安	4.68	—	—	—	—	—	—
宝鸡	5.60	—	—	—	—	—	—
咸阳	1.99	—	—	—	—	—	—
嘉峪关	32.88	—	—	—	—	—	—
金昌	20.91	—	—	—	—	—	—
白银	7.96	—	—	—	—	—	—
天水	6.90	—	—	—	—	—	—
吴忠	7.63	—	—	—	—	—	—

附表 3　　　　　　　　　　区域综合型城市与聚类中心 I 的距离

名称	2003 年	名称	2006 年	名称	2009 年	名称	2012 年
大连	0.00	大连	3.07	包头	3.65	包头	1.59
大庆	3.20	大庆	3.05	大连	0.00	大连	1.75
无锡	1.41	无锡	2.31	大庆	3.66	大庆	1.72
常州	3.02	常州	4.01	无锡	1.27	无锡	0.82
苏州	1.63	苏州	2.17	常州	2.40	徐州	1.64
淮安	4.86	宁波	2.91	苏州	1.13	常州	0.25
宁波	1.73	厦门	3.93	淮安	4.21	苏州	3.51
厦门	3.53	青岛	2.98	宁波	1.69	淮安	2.41
青岛	1.76	淄博	4.04	厦门	3.24	扬州	1.43
淄博	2.04	东莞	0.00	青岛	0.64	宁波	0.84
东莞	2.70	—	—	淄博	2.07	厦门	0.89
—	—	—	—	烟台	3.45	青岛	2.67
—	—	—	—	东莞	2.61	淄博	0.85
—	—	—	—	—	—	烟台	1.33
—	—	—	—	—	—	临沂	2.25
—	—	—	—	—	—	东莞	2.18
—	—	—	—	—	—	中山	1.65

附表 4　　　　　　　　　　全国资源型城市名单（2013 年）

所在省（区、市）	地级行政区	县级市
河北（7）	张家口市、承德市、唐山市、邢台市、邯郸市	鹿泉市、任丘市
山西（13）	大同市、朔州市、阳泉市、长治市、晋城市、忻州市、晋中市、临汾市、运城市、吕梁市	古交市、霍州市、孝义市
内蒙古（8）	包头市、乌海市、赤峰市、呼伦贝尔市、鄂尔多斯市	霍林郭勒市、阿尔山市*、锡林浩特市
辽宁（10）	阜新市、抚顺市、本溪市、鞍山市、盘锦市、葫芦岛市	北票市、调兵山市、凤城市、大石桥市
吉林（9）	松原市、吉林市*、辽源市、通化市、白山市*、延边朝鲜族自治州	九台市、舒兰市、敦化市*
黑龙江（11）	黑河市*、大庆市、伊春市*、鹤岗市、双鸭山市、七台河市、鸡西市、牡丹江市*、大兴安岭地区*	尚志市*、五大连池市*
江苏（2）	徐州市、宿迁市	—
浙江（1）	湖州市	—

续表

所在省（区、市）	地级行政区	县级市
安徽（10）	宿州市、淮北市、亳州市、淮南市、滁州市、马鞍山市、铜陵市、池州市、宣城市	巢湖市
福建（4）	南平市、三明市、龙岩市	龙海市
江西（8）	景德镇市、新余市、萍乡市、赣州市、宜春市	瑞昌市、贵溪市、德兴市
山东（12）	东营市、淄博市、临沂市、枣庄市、济宁市、泰安市、莱芜市	龙口市、莱州市、招远市、平度市、新泰市
河南（14）	三门峡市、洛阳市、焦作市、鹤壁市、濮阳市、平顶山市、南阳市	登封市、新密市、巩义市、荥阳市、灵宝市、永城市、禹州市
湖北（8）	鄂州市、黄石市	钟祥市、应城市、大冶市、松滋市、宜都市、潜江市
湖南（11）	衡阳市、郴州市、邵阳市、娄底市	浏阳市、临湘市、常宁市、耒阳市、资兴市、冷水江市、涟源市
广东（3）	韶关市、云浮市	高要市
广西（5）	百色市、河池市、贺州市	岑溪市、合山市
海南（1）		东方市
四川（12）	广元市、南充市、广安市、自贡市、泸州市、攀枝花市、达州市、雅安市、阿坝藏族羌族自治州、凉山彝族自治州	绵竹市、华蓥市
贵州（6）	六盘水市、安顺市、毕节市、黔南布依族苗族自治州、黔西南布依族苗族自治州	清镇市
云南（10）	曲靖市、保山市、昭通市、丽江市*、普洱市、临沧市、楚雄彝族自治州	安宁市、个旧市、开远市
陕西（6）	延安市、铜川市、渭南市、咸阳市、宝鸡市、榆林市	—
甘肃（8）	金昌市、白银市、武威市、张掖市、庆阳市、平凉市、陇南市	玉门市
青海（1）	海西蒙古族藏族自治州	—
宁夏（2）	石嘴山市	灵武市
新疆（6）	克拉玛依市、巴音郭楞蒙古自治州、阿勒泰地区	和田市、哈密市、阜康市

注：带 * 的城市表示森工城市；未列出县（自治县、林区）以及市辖区（开发区、管理区）情况。

附表 5　　　　　　　　　　　　　　现有文献的城市类型划分

文献	城市类型	城市名称
鲁春阳等（2011）	区域综合性城市	北京、广州、天津、重庆、武汉、沈阳、杭州、西安、成都、南京、济南、昆明、长春、厦门、太原、大连、郑州、长沙、福州、兰州、合肥、青岛、佛山、南昌、贵阳、南宁、宁波、唐山、惠州、烟台、大庆、大同、淄博、无锡、徐州、鞍山、乌鲁木齐、哈尔滨、石家庄
	第二产业城市	盘锦、淮阳、苏州、东营、铜陵、白银、莱芜、双鸭山、鹤壁、安阳、乌海、威海、鹤岗、漯河、本溪、宜宾、淮北、泉州、中山、邯郸、乐山、绍兴、阳泉、芜湖、枣庄、抚顺、娄底、江门、湘潭、辽阳、河源、嘉兴、淮南、柳州、德阳、鄂州、宝鸡、泰州、龙岩、潍坊、焦作、许昌、温州、宜昌、新余、三门峡、湖州、常州、德州、岳阳、汕尾、泸州、清远、玉溪、自贡、通化、扬州、邢台、咸阳、鸡西、日照、曲靖、十堰、三明、内江、临沂、南平、白山、镇江、台州、张家口、资阳、韶关、洛阳、绵阳、孝感、遵义、克拉玛依、铜川、辽源、金昌、嘉峪关、松原、平顶山、马鞍山、七台河、葫芦岛、攀枝花、包头、东莞
	交通运输城市	信阳、达州、南阳、沧州、邵阳、郴州、保定、衡阳、盐城、舟山、六安、晋城、襄樊、宿州、永州、阜阳、益阳、定西
	文化旅游城市	西宁、泰安、银川、聊城、黄山、北海、桂林、菏泽、梧州、临汾、九江、黄冈、廊坊、长治、漳州、丹东、潮州、丽江、赣州、晋中、鹰潭、荆门、怀化、延安、呼和浩特、呼伦贝尔、齐齐哈尔、连云港、佳木斯、张家界、牡丹江、秦皇岛、海口、肇庆
	地方中心城市	珠海、三亚、榆林、庆阳、防城港、黑河、酒泉、商洛、贺州、衡水、固原、巴彦淖尔、吴忠、乌兰察布、丽水、绥化、张掖、吉安、梅州、临沧、钦州、营口、贵港、承德、铁岭、四平、通辽、吕梁、雅安、安顺、昭通、玉林、抚州、蚌埠、白城、湛江、武威、来宾、开封、中卫、商丘、亳州、宿迁、百色、平凉、眉山、河池、上饶、茂名、池州、驻马店、广安、汉中、朝阳、崇左、巢湖、锦州、广元、淮安、吉林、赤峰、咸宁、周口、普洱、宁德、安庆、随州、渭南、遂宁、宜春、新乡、巴中、滁州、伊春、荆州、阜新、金华、南充、常德
舒帮荣等（2014）	区域综合性城市	北京、天津、石家庄、太原、沈阳、大连、鞍山、长春、哈尔滨、上海、南京、杭州、徐州、广州、合肥、福州、南昌、济南、青岛、郑州、武汉、长沙、广州、佛山、南宁、重庆、成都、贵阳、昆明、西安、兰州、乌鲁木齐
	资源型城市	邯郸、邢台、阳泉、乌海、抚顺、本溪、盘锦、葫芦岛、辽源、白山、松原、鸡西、鹤岗、双鸭山、七台河、淮南、马鞍山、淮北、铜陵、枣庄、东营、平顶山、鹤壁、焦作、濮阳、白银、克拉玛依、铜川、金昌、攀枝花

文献	城市类型	城市名称
舒帮荣等 (2014)	第二产业城市	张家口、包头、辽阳、通化、常州、苏州、扬州、泰州、温州、嘉兴、湖州、绍兴、芜湖、三明、泉州、南平、龙岩、新余、威海、日照、莱芜、临沂、德州、洛阳、安阳、许昌、三门峡、十堰、宜昌、鄂州、孝感、湘潭、江门、汕尾、东莞、中山、柳州、泸州、宜宾、乐山、宝鸡、玉溪、咸阳、曲靖、绵阳、遵义、嘉峪关
	文化旅游城市	秦皇岛、临汾、呼和浩特、丹东、齐齐哈尔、佳木斯、牡丹江、连云港、黄山、漳州、九江、鹰潭、赣州、泰安、聊城、菏泽、荆门、黄冈、张家界、怀化、肇庆、潮州、桂林、梧州

附表 6　　　　　　　　　　1990 年我国城市建设用地分类

类别代码	类别名称	范围
R	居住用地	居住小区、居住街坊、居住组团和单位生活区等各种类型的成片或零星的用地
C	公共设施用地	居住区及居住区级以上的行政、经济、文化、教育、卫生、体育以及科研设计等机构和设施的用地，不包括居住用地中的公共服务设施用地
M	工业用地	工矿企业的生产车间、库房及其附属设施等用地。包括专用的铁路、码头和道路等用地。不包括露天矿用地，该用地应归入水域和其他用地（E）
W	仓储用地	仓储企业的库房、堆场和包装加工车间及其附属设施等用地
T	对外交通用地	铁路、公路、管道运输、港口和机场等城市对外交通运输及其附属设施等用地
S	道路广场用地	市级、区级和居住区级的道路、广场和停车场等用地
U	市政公用设施用地	市级、区级和居住区级的市政公用设施用地，包括其建筑物、构筑物及管理维修设施等用地
G	绿地	市级、区级和居住区级的公共绿地及生产防护绿地，不包括专用绿地、园地和林地
D	特殊用地	特殊性质的用地

附表 7　　　　　　　　　　2011 年我国城市建设用地分类

类别代码	类别名称	范围
R	居住用地	住宅和相应服务设施的用地
A	公共管理与公共服务用地	行政、文化、教育、体育、卫生等机构和设施的用地，不包括居住用地中的服务设施用地

续表

类别代码	类别名称	范围
B	商业服务业设施用地	各类商业、商务、娱乐康体等设施用地，不包括居住用地中的服务设施用地以及公共管理与公共服务用地内的事业单位用地
M	工业用地	工矿企业的生产车间、库房及其附属设施等用地，包括专用的铁路、码头和道路等用地，不包括露天矿用地
W	物流仓储用地	物资储备、中转、配送、批发、交易等的用地，包括大型批发市场以及货运公司车队的站场（不包括加工）等用地
S	交通设施用地	城市道路、交通设施等用地
U	公用设施用地	供应、环境、安全等设施用地
G	绿地	公园绿地、防护绿地等开放空间用地，不包括住区单位内部配建的绿地

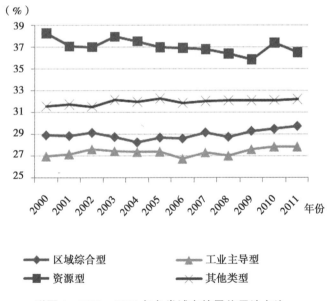

附图 1　2000—2011 年各类城市的居住用地占比

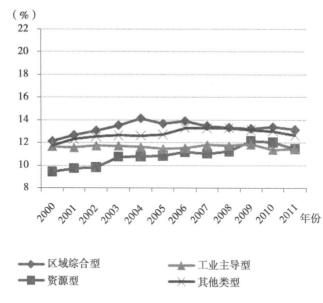

附图2　2000—2011年各类城市的公共设施用地占比

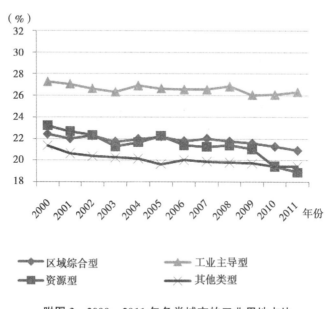

附图3　2000—2011年各类城市的工业用地占比

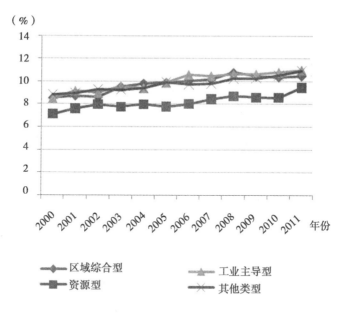

附图4　2000—2011年各类城市的绿地占比

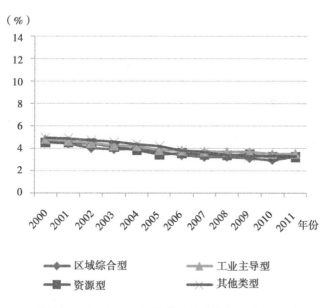

附图5　2000—2011年各类城市的仓储用地占比

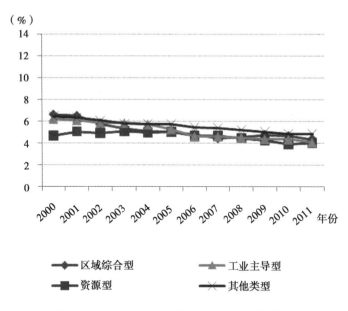

附图 6　2000—2011 年各类城市的对外交通用地占比

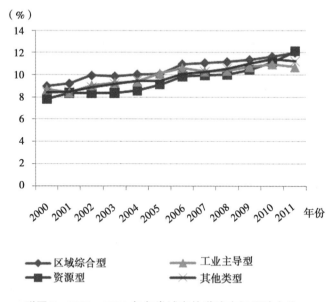

附图 7　2000—2011 年各类城市的道路广场用地占比

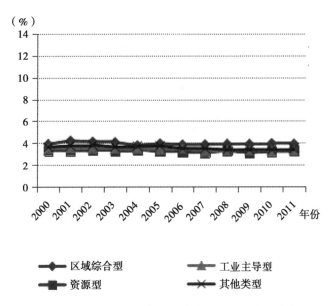

附图 8　2000—2011 年各类城市的市政公用设施用地占比

参考文献

Aljoufie, M., Zuidgeest, M., Brussel, M., van Vliet, J., van Maarseveen, M., "A Cellular Automata-based Land Use and Transport Interaction Model Applied to Jeddah, Saudi Arabia", *Landscape and Urban Planning*, Vol.112, 2013.

Banerjee, R., Srivastava, P.K., "Reconstruction of Contested Landscape: Detecting Land Cover Transformation Hosting Cultural Heritage Sites from Central India Using Remote Sensing", *Land Use Policy*, Vol.34, 2013.

Banker, R.D., Charnes, A., Cooper, W.W., "Some Models for Estimating Technical and Scale Inefficiencies in Data Envelopment Analysis", *Management Science*, Vol.30, No.9, 1984.

Barber, G. M., "Land-use Plan Design Via Interactive Multiple-objective Programming", *Environment and Planning A: Economy and Space*, Vol.8, No.6, 1976.

Battese, G.E., Rao, D.P., "Technology Gap, Efficiency, and A Stochastic Meta-frontier Function", *International Journal of Business and Economics*, Vol.1, No.2, 2002.

Boame, A.K., "The Technical Efficiency of Canadian Urban Transit Systems", *Transportation Research Part E: Logistics and Transportation Review*, Vol.40, No.5, 2004.

Charnes, A., Cooper, W.W., Golany, B., Seiford, L., Stutz, J., "Foundations of Data Envelopment Analysis for Pareto-Koopmans Efficient Empirical Production Functions", *Journal of Econometrics*, Vol. 30, No. 1, 1985.

Charnes, A., Cooper, W.W., Rhodes, E., "Measuring the Efficiency of Decision Making Units", *European Journal of Operational Research*, Vol.2, No.6, 1978.

Charnes, A., Haynes, K.E., Hazleton, J.E., Ryan, M.J., "An Hierarchical Goal Programming Approach to Environmental – land Use Management", 1975.

Cho, M., "Congestion Effects of Spatial Growth Restrictions: A Model and Empirical Analysis", *Real Estate Economics*, Vol.25, No.3, 1997.

Costanza, R., D'Arge, R., de Groot, R., Farber, S., Grasso, M., Hannon, B., Limburg, K., Naeem, S., O'Neill, R. V., Paruelo, J., Raskin, R.G., Sutton, P., van den Belt, M., "The Value of the World's Ecosystem Services and Natural Capital", *Nature*, Vol. 387, No. 6630, 1997.

DiPasquale, D., Wheaton, W. C., *Urban Economics and Real Estate Markets*, Prentice Hall Englewood Cliffs, NJ, 1996.

Dokmeci, V.F., "A Multiobjective Model for Regional Planning of Health Facilities", *Environment and Planning A: Economy and Space*, Vol. 11, No.5, 1979.

Downs, A., "What does Smart Growth Really Mean?", *Planning*, Vol.67, No.4, 2001.

Firman, T., "Major Issues in Indonesia's Urban Land Development", *Land Use Policy*, Vol.21, No.4, 2004.

Fisch, O., "Optimal Allocation of Land to Transportation in a Non – optimal Urban Structure", *Regional Science and Urban Economics*, Vol. 12, No.2, 1982.

Friedmann, J., Wolff, G., "World City Formation: An Agenda for Research and Action", *International Journal of Urban and Regional Research*, Vol.6, No.3, 1982.

Friedmann, J., "The World City Hypothesis", *Development and Change*, Vol.17, No.1, 1986.

Färe, R., Grosskopf, S., "A Nonparametric Cost Approach to Scale Efficiency", *The Scandinavian Journal of Economics*, 1985.

Gabriel, S.A., Faria, J.A., Moglen, G.E., "A Multiobjective Optimization Approach to Smart Growth in Land Development", *Socio - Economic Planning Sciences*, Vol.40, No.3, 2006.

Goldsmith, R., *A Perpetual Inventory of National Wealth*, National Bureau of Economic Research, New York, 1951.

Graham, D.J., "Productivity and Efficiency in Urban Railways: Parametric and Non-parametric Estimates", *Transportation Research Part E: Logistics and Transportation Review*, Vol.44, No.1, 2008.

Halleux, J., Marcinczak, S., van der Krabben, E., "The Adaptive Efficiency of Land Use Planning Measured by the Control of Urban Sprawl—The Cases of the Netherlands, Belgium and Poland", *Land Use Policy*, Vol.29, No.4, 2012.

Handy, S., "Smart Growth and the Transportation-land Use Connection: What Does the Research Tell Us?", *International Regional Science Review*, Vol.28, No.2, 2005.

He, C., Huang, Z., Wang, R., "Land Use Change and Economic Growth in Urban China: A Structural Equation Analysis", *Urban Studies*, Vol.51, No.13, 2014.

Kironde, J.L., "Land Policy Options for Urban Tanzania", *Land Use Policy*, Vol.14, No.2, 1997.

Koopmans, T.C., Beckmann, M., "Assignment Problems and the Location of Economic Activities", *Econometrica*, Vol.25, No.1, 1957.

Macedo, J., "Urban Land Policy and New Land Tenure Paradigms: Legitimacy vs. Legality in Brazilian Cities", *Land Use Policy*, Vol. 25, No.2, 2008.

Mills, E.S., "An Aggregative Model of Resource Allocation in a Metropolitan Area", *The American Economic Review*, Vol.57, No.2, 1967.

Muth, R., "Cities and Housing: The Spatial Patterns of Urban Residential Land Use", University of Chicago, Chicago, 1969.

Odeck, J., Bråthen, S., "A Meta-analysis of DEA and SFA Studies of the Technical Efficiency of Seaports: A Comparison of Fixed and Randomeffects Regression Models", *Transportation Research Part A: Policy and Practice*, Vol.46, No.10, 2012.

Payne, G., "Urban Land Tenure Policy Options: Titles Or Rights?", *Habitat International*, Vol.25, No.3, 2001.

Seiford, L.M., Thrall, R.M., "Recent Developments in DEA: The Mathematical Programming Approach to Frontier Analysis", *Journal of Econometrics*, Vol.46, No.1, 1990.

Shannon, C.E., "A Mathematical Theory of Communication", *Bell Labs Technical Journal*, Vol.27, No.4, 1948.

Shin, K., Timberlake, M., "World Cities in Asia: Cliques, Centrality and Connectedness", *Urban Studies*, Vol.37, No.12, 2000.

Smith, D. A., Timberlake, M. F., "World City Networks and Hierarchies, 1977-1997: An Empirical Analysis of Global Air Travel Links", *American Behavioral Scientist*, Vol.44, No.10, 2001.

Su, D.Z., "GIS-based Urban Modelling: Practices, Problems, and Prospects", *International Journal of Geographical Information Science*, Vol.12, No.7, 1998.

Taylor, P.J., "Hierarchical Tendencies Amongst World Cities: A Global Research Proposal", *Cities*, Vol.14, No.6, 1997.

Tone, K., "A Slacks-based Measure of Efficiency in Data Envelopment Analysis", *European Journal of Operational Research*, Vol. 130, No. 3, 2001.

Ye, L., Mandpe, S., Meyer, P.B., "What is "Smart Growth?" — Really?", *Journal of Planning Literature*, Vol.19, No.3, 2005.

Yeh, A.G.O., Wu, F., "The New Land Development Process and Urban Development in Chinese Cities", *International Journal of Urban and Regional Research*, Vol.20, No.2, 1996.

Young, A., "Gold into Base Metals: Productivity Growth in the People's Republic of China during the Reform Period", National Bureau of Economic Research, 2000.

阿朗索:《区位和土地利用》,梁进社、李平、王大伟译,商务印书馆 2007 年版。

鲍新中、刘澄、张建斌：《城市土地利用效率的综合评价》，《城市问题》2009 年第 4 期。

贝涵璐：《建设用地利用效率时空差异及其与城镇化质量的耦合关系》，博士学位论文，浙江大学，2016 年。

毕宝德：《土地经济学》，中国人民大学出版社 2010 年版。

毕宝德：《土地经济学》，中国人民大学出版社 2016 年版。

曹林、韦晶磊：《土地利用规划的理论与实践研究——基于可持续发展的理念》，南开大学出版社 2012 年版。

陈荣：《城市土地利用效率论》，《城市规划汇刊》1995 年第 4 期。

陈世聪：《建设用地配置的效率与公平研究》，硕士学位论文，四川农业大学，2012 年。

陈伟、吴群：《长三角地区城市建设用地经济效率及其影响因素》，《经济地理》2014 年第 9 期。

陈彦光、刘继生：《城市土地利用结构和形态的定量描述：从信息熵到分数维》，《地理研究》2001 年第 2 期。

董藩、徐青、刘德英等：《土地经济学》，北京师范大学出版社 2009 年版。

董黎明：《土地利用——一个永恒不断的话题》，《国外城市规划》2001 年第 1 期。

豆建民、汪增洋：《经济集聚、产业结构与城市土地产出率——基于我国 234 个地级城市 1999—2006 年面板数据的实证研究》，《财经研究》2010 年第 10 期。

杜能：《孤立国同农业和国民经济的关系》，吴衡康译，商务印书馆 1997 年版。

段瑞君：《中国城市规模及其影响因素研究——来自 284 个地级及以上城市的经验证据》，《财经研究》2013 年第 9 期。

段永瑞：《数据包络分析——理论和应用》，上海科学普及出版社 2006 年版。

冯开文：《发展经济学》，中国农业大学出版社 2013 年版。

冯云廷：《城市经济学》，东北财经大学出版社 2015 年版。

高燕语、钟太洋：《土地市场对城市建设用地扩张的影响——基于285 个城市面板数据的分析》，《资源科学》2016 年第 11 期。

高宜程、申玉铭、王茂军等：《城市功能定位的理论和方法思考》，《城市规划》2008 年第 10 期。

龚六堂、谢丹阳：《我国省份之间的要素流动和边际生产率的差异分析》，《经济研究》2004 年第 1 期。

郭道晖：《立法的效益与效率》，《法学研究》1996 年第 2 期。

韩峰、赖明勇：《市场邻近、技术外溢与城市土地利用效率》，《世界经济》2016 年第 1 期。

洪增林：《城市综合改造区土地集约利用研究》，西北工业大学出版社 2010 年版。

胡放之、董光荣：《宏观经济学》，上海财经大学出版社 2012 年版。

胡银根、廖成泉、章晓曼等：《"两型社会"背景下湖北省城市建设用地利用效率及其影响因素——基于四阶段 Dea 的实证分析》，《地域研究与开发》2016 年第 2 期。

华生：《新土改：土地制度改革焦点难点辨析》，东方出版社 2016 年版。

黄健柏、徐震、徐珊：《土地价格扭曲、企业属性与过度投资——基于中国工业企业数据和城市地价数据的实证研究》，《中国工业经济》2015 年第 3 期。

黄中文、吴磊、聂志鹏：《Spss 统计分析与应用》，电子工业出版社 2016 年版。

姜海、夏燕榕、曲福田：《建设用地扩张对经济增长的贡献及其区域差异研究》，《中国土地科学》2009 年第 8 期。

蒋南平、曾伟：《土地资源与城市化发展：理论分析与中国实证研究》，《经济学家》2012 年第 4 期。

柯新利、杨柏寒、刘适等：《基于土地利用效率区域差异的建设用地区际优化配置——以武汉城市圈为例》，《长江流域资源与环境》2014 年第 11 期。

克里斯泰勒：《德国南部的中心地原理》，商务印书馆 1998 年版。

李刚：《中国城市土地利用效率：测度、演变机理与影响因素》，

《财经理论研究》2015 年第 3 期。

李佳佳、罗能生：《城镇化进程对城市土地利用效率影响的双门槛效应分析》，《经济地理》2015 年第 7 期。

李建强、曲福田：《土地市场化改革对建设用地集约利用影响研究》，《中国土地科学》2012 年第 5 期。

李江、郭庆胜：《基于信息熵的城市用地结构动态演变分析》，《长江流域资源与环境》2002 年第 5 期。

李静、马潇璨：《资源与环境双重约束下的工业用水效率——基于 SBM-Undesirable 和 Meta-Frontier 模型的实证研究》，《自然资源学报》2014 年第 6 期。

李力行、黄佩媛、马光荣：《土地资源错配与中国工业企业生产率差异》，《管理世界》2016 年第 8 期。

李涛、李红：《双方关系、关系网络、法院与政府：中国非国有企业间信任的研究》，《经济研究》2004 年第 11 期。

李效顺：《基于耕地资源损失视角的建设用地增量配置研究》，博士学位论文，南京农业大学，2010 年。

李鑫、欧名豪：《中国省际建设用地单要素效率评价与区域差异研究》，《南京农业大学学报》（社会科学版）2012 年第 1 期。

李永乐、舒帮荣、吴群：《中国城市土地利用效率：时空特征、地区差距与影响因素》，《经济地理》2014 年第 1 期。

李智、郑彦璐、吴伟巍：《城市间住宅价格波动溢出效应研究——以长三角一线和二线城市为例》，《经济问题探索》2013 年第 11 期。

林本喜、邓衡山：《农业劳动力老龄化对土地利用效率影响的实证分析——基于浙江省农村固定观察点数据》，《中国农村经济》2012 年第 4 期。

刘坚、黄贤金、翟文侠等：《城市土地利用效益空间分异研究》，《江南大学学报》（人文社会科学版）2005 年第 6 期。

刘金全、于惠春：《我国固定资产投资和经济增长之间影响关系的实证分析》，《统计研究》2002 年第 1 期。

刘莉莉：《K—均值聚类算法的研究与改进》，硕士学位论文，曲阜师范大学，2015 年。

刘苓玲:《经济学原理》,经济科学出版社 2015 年版。

刘起运:《投入产出分析》,中国人民大学出版社 2006 年版。

刘琼、侔伶俐、欧名豪等:《基于脱钩情景的中国建设用地总量管控目标分析》,《南京农业大学学报》(社会科学版)2014 年第 2 期。

刘琼、欧名豪、盛业旭等:《不同类型土地财政收入与城市扩张关系分析——基于省际面板数据的协整分析》,《中国人口·资源与环境》2014 年第 12 期。

刘琼、欧名豪、盛业旭等:《建设用地总量的区域差别化配置研究——以江苏省为例》,《中国人口·资源与环境》2013 年第 12 期。

刘盛和:《城市土地利用扩展的空间模式与动力机制》,《地理科学进展》2002 年第 1 期。

刘盛和、吴传钧、陈田:《评析西方城市土地利用的理论研究》,《地理研究》2001 年第 1 期。

刘盛和、周建民:《西方城市土地利用研究的理论与方法》,《国外城市规划》2001 年第 1 期。

刘守英、周飞舟、邵挺:《土地制度改革与转变发展方式》,中国发展出版社 2012 年版。

刘玉海、武鹏:《转型时期中国农业全要素耕地利用效率及其影响因素分析》,《金融研究》2011 年第 7 期。

龙昱:《城市地理分析》,中国地质大学出版社 2012 年版。

鲁春阳、高成全、杨庆媛等:《不同职能城市土地利用结构影响因素分析》,《地域研究与开发》2012 年第 1 期。

鲁春阳、文枫、杨庆媛等:《不同职能城市土地利用结构特征分析》,《中国土地科学》2011 年第 8 期。

陆铭:《建设用地使用权跨区域再配置:中国经济增长的新动力》,《世界经济》2011 年第 1 期。

罗宾巴德:《宏观经济学原理》,中国人民大学出版社 2010 年版。

罗罡辉、吴次芳:《城市用地效益的比较研究》,《经济地理》2003 年第 3 期。

罗能生、彭郁、罗富政:《土地市场化对城市土地综合利用效率的影响》,《城市问题》2016 年第 11 期。

马传栋:《可持续发展经济学》,中国社会科学出版社 2015 年版。

马春文、张东辉:《发展经济学》,高等教育出版社 2010 年版。

马克斯·韦伯:《工业区位论》,李刚剑、陈志人、张英保译,商务印书馆 1997 年版。

马歇尔:《经济学原理》,朱志泰译,商务印书馆 1997 年版。

毛蒋兴、阎小培:《城市土地利用模式与城市交通模式关系研究》,《规划师》2002 年第 7 期。

梅林、席强敏:《土地价格、产业结构与城市效率——基于中国城市面板数据的经验分析》,《经济科学》2018 年第 4 期。

梅林海:《资源与环境经济学的理论与实践》,暨南大学出版社 2016 年版。

聂雷、郭忠兴、汪险生等:《我国主要粮食作物生产重心演变分析》,《农业现代化研究》2015 年第 3 期。

聂雷、郭忠兴、钟国辉等:《转型期中国土地出让收入和价格的演变规律——基于财政分权与经济目标的视角》,《财经理论与实践》2015 年第 6 期。

欧胜彬、农丰收、陈利根:《建设用地差别化管理:理论解释与实证研究——以广西北部湾经济区为例》,《中国土地科学》2014 年第 1 期。

秋山裕:《发展经济学导论》,中国人民大学出版社 2015 年版。

曲福田:《土地经济学》,中国农业出版社 2011 年版。

屈宇宏、孙帅、陈银蓉:《中国城市建设用地扩张趋势模拟及抑制策略》,《资源科学》2014 年第 1 期。

全国科学技术名词审定委员会:《地理学名词》,科学出版社 2006 年版。

任国平、刘黎明、付永虎等:《环境约束下大都市城郊土地利用结构评价——基于信息熵和非期望产出模型分析》,《长江流域资源与环境》2016 年第 6 期。

邵挺、崔凡、范英等:《土地利用效率、省际差异与异地占补平衡》,《经济学》(季刊)2011 年第 3 期。

舒帮荣、李永乐、曲艺等:《不同职能城市建设用地扩张及其驱动力研究——基于中国 137 个地级以上城市的考察》,《南京农业大学学报》

（社会科学版）2014 年第 2 期。

司慧娟、付梅臣、袁春等：《青海省土地利用结构信息熵时空分异规律及驱动因素分析》，《干旱区资源与环境》2016 年第 6 期。

汤尚颖：《资源经济学》，科学出版社 2014 年版。

王国刚、刘彦随、方方：《环渤海地区土地利用效益综合测度及空间分异》，《地理科学进展》2013 年第 4 期。

王良健、黄露赟、弓文：《中国土地市场化程度及其影响因素分析》，《中国土地科学》2011 年第 8 期。

王万茂：《土地资源管理学》，高等教育出版社 2003 年版。

王万茂：《中国土地管理制度：现状、问题及改革》，《南京农业大学学报》（社会科学版）2013 年第 4 期。

王万茂、韩桐魁、严金明等：《土地利用规划学》，中国农业出版社 2013 年版。

王万茂、王群：《城市土地空间权制度的构建与运行》，《中国土地》2015 年第 1 期。

王文刚、宋玉祥、庞笑笑：《基于数据包络分析的中国区域土地利用效率研究》，《经济问题探索》2011 年第 8 期。

王希睿、许实、杨兴典等：《江苏省建设用地利用效率和全要素生产率的时空差异分析》，《中国土地科学》2015 年第 5 期。

王小鲁：《中国城市化路径与城市规模的经济学分析》，《经济研究》2010 年第 10 期。

王晓川：《运用规划手段不断提高城市土地使用效率》，《中国土地科学》2003 年第 4 期。

王晓青：《建设用地配置效率测算及其影响因素分析》，硕士学位论文，四川农业大学，2010 年。

王晓青、李建强：《建设用地配置效率及其影响因素研究——以 31 个省份为例》，《资源与产业》2010 年第 4 期。

王昱、丁四保、卢艳丽：《建设用地利用效率的区域差异及空间配置——基于 2003—2008 年中国省域面板数据》，《地域研究与开发》2012 年第 6 期。

王智波：《开征物业税对土地利用效率的影响——比较静态模型的理

论分析与数值模拟》,《财经研究》2010 年第 1 期。

王中亚、傅利平、陈卫东:《中国城市土地集约利用评价与实证分析——以三大城市群为例》,《经济问题探索》2010 年第 11 期。

文贯中:《重归内生型城市化道路——关于中国特色与普遍规律的辨析》,《人民论坛·学术前沿》2014 年第 2 期。

文贯中、柴毅:《政府主导型城市化的土地利用效率——来自中国的实证结果》,《学术月刊》2015 年第 1 期。

吴得文、毛汉英、张小雷等:《中国城市土地利用效率评价》,《地理学报》2011 年第 8 期。

吴郁玲、曲福田、周勇:《城市土地市场发育与土地集约利用分析及对策——以江苏省开发区为例》,《资源科学》2009 年第 2 期。

伍德里奇:《横截面与面板数据的经济计量分析》,王忠玉译,中国人民大学出版社 2007 年版。

夏传信、闫晓燕:《中国城市土地产权效率存在的问题与改革建议》,《河北学刊》2011 年第 4 期。

夏清滨、李成友:《城市建设用地市场化对城市土地利用效率的影响研究——基于 2003—2011 年中国 286 个地级市面板数据的分析》,《制度经济学研究》2015 年第 1 期。

夏庆利、罗芳:《土地利用效率影响因素分析——基于湖北的调查》,《农业经济问题》2012 年第 5 期。

许学强、周一星、宁越敏:《城市地理学》,高等教育出版社 2009 年版。

薛微:《统计分析与 Spss 的应用》,中国人民大学出版社 2011 年版。

薛新伟:《包括隐形因素的投入产出理论与经济效益评价模型研究》,《系统工程理论与实践》2000 年第 12 期。

杨红梅、刘卫东、刘红光:《土地市场发展对土地集约利用的影响》,《中国人口·资源与环境》2011 年第 12 期。

杨怀宇、杨正勇:《基于投资组合模型的海岸带土地利用效率研究——以上海临港新城围垦区为例》,《自然资源学报》2015 年第 2 期。

杨继瑞:《城市土地经营的若干问题探讨》,《南京社会科学》2003 年第 7 期。

杨遴杰、陈祁晖：《城市土地集约利用：基于生产理论的一个解释》，《经济地理》2009 年第 9 期。

杨清可、段学军、叶磊等：《基于 SBM-Undesirable 模型的城市土地利用效率评价——以长三角地区 16 城市为例》，《资源科学》2014 年第 4 期。

杨杨：《土地资源对中国经济的"增长阻尼"研究——基于改进的二级 CES 生产函数》，海洋出版社 2014 年版。

袁利平、董黎明：《我国不同职能类型城市的用地水平分析》，《中国土地科学》2001 年第 3 期。

张恒义：《中国省际建设用地空间配置效率研究》，博士学位论文，浙江大学，2011 年。

张敬东：《中国城市土地并非无偿使用——兼论土地利用效率低的根本原因》，《城市问题》1992 年第 5 期。

张娟、李江风：《美国"精明增长"对我国城市空间扩展的启示》，《城市管理与科技》2006 年第 5 期。

张军、吴桂英、张吉鹏：《中国省际物质资本存量估算：1952—2000》，《经济研究》2004 年第 10 期。

张军涛、孙振华、张明斗：《中国城市土地利用效率的动态测度及影响因素——基于 DEA-Tobit 两步法的分析》，《数学的实践与认识》2014 年第 11 期。

张良悦、师博、刘东：《中国城市土地利用效率的区域差异——对地级以上城市的 Dea 分析》，《经济评论》2009 年第 4 期。

张敏莉：《城市土地管理》，化学工业出版社 2010 年版。

张明斗、莫冬燕：《城市土地利用效益与城市化的耦合协调性分析——以东北三省 34 个地级市为例》，《资源科学》2014 年第 1 期。

张荣天、焦华富：《长江经济带城市土地利用效率格局演变及驱动机制研究》，《长江流域资源与环境》2015 年第 3 期。

张文奎、刘继生、王力：《论中国城市的职能分类》，《人文地理》1990 年第 3 期。

张文彤、董伟：《Spss 统计分析高级教程》，高等教育出版社 2013 年版。

张衔、吴先强：《中国城市建设用地利用效率区域差异研究》，《暨南学报》（哲学社会科学版）2016 年第 11 期。

张兴榆、黄贤金、赵小凤等：《快速城市化地区土地利用动态变化及结构效率分析——以江苏省为例》，《中国土地科学》2008 年第 10 期。

张颖、王群、王万茂：《关于土地节约和集约利用问题的思考》，《广东土地科学》2007 年第 3 期。

张颖、王群、王万茂：《中国产业结构与用地结构相互关系的实证研究》，《中国土地科学》2007 年第 2 期。

张志辉：《中国城市土地利用效率研究》，《数量经济技术经济研究》2014 年第 7 期。

赵爱栋、马贤磊、曲福田：《市场化改革能提高中国工业用地利用效率吗?》，《中国人口·资源与环境》2016 年第 3 期。

赵可、张安录、马爱慧等：《中国 1981 年—2007 年经济增长与城市建设用地关系分析》，《资源科学》2010 年第 12 期。

赵伟、罗亚兰、王丽强：《中国建设用地利用效率的影响因素》，《城市问题》2016 年第 2 期。

赵艳霞：《土地经济学》，哈尔滨工程大学出版社 2015 年版。

钟成林、胡雪萍：《土地收益分配制度对城市建设用地利用效率的影响研究——基于门限回归模型的实证分析》，《中央财经大学学报》2016 年第 2 期。

周一星、孙则昕：《再论中国城市的职能分类》，《地理研究》1997 年第 1 期。

周沂、贺灿飞、黄志基等：《地理与城市土地利用效率——基于2004—2008 中国城市面板数据实证分析》，《城市发展研究》2013 年第 7 期。

朱江：《探索精明增长理论在我国城市规划的应用之路》，《现代城市研究》2009 年第 9 期。

宗振利、廖直东：《中国省际三次产业资本存量再估算：1978—2011》，《贵州财经大学学报》2014 年第 3 期。

后　记

本书是在我的博士学位论文基础上修改而成的。从最终确定该选题到完成论文，得益于恩师郭忠兴教授的精心指导。回首过往岁月，多次与恩师讨论论文中出现的难点，大到论文的整体框架、结构安排，小到指标的选择、数据的处理、英文翻译的斟酌，整篇文章无不凝聚了恩师的心血。每次讨论，恩师的辩证思维与批判思维，总能让我豁然开朗。

感谢我的硕士导师安徽农业大学经济管理学院的何如海副研究员，是他将我引入到土地问题的研究，推荐我到南京农业大学深造，一直关心我的学习与生活。

感谢学院的王万茂教授。在南京农业大学求学期间，多次指导我，给我推荐文献，让我认真研读。感谢师公叶依广教授对我学习的关心，虽然叶老师现已退休，但平时经常在校园与叶老师相遇，每次相遇，总是询问我的论文进展，让我多与导师交流，抓紧时间，争取早日完成论文写作。

博士学位论文能顺利完成，要感谢开题与预答辩中的各位老师，帮我指出问题所在，并给出了许多建设性的意见，他们是王万茂教授、冯淑怡教授、陈会广教授、诸培新教授、孙华教授、姜海教授、郭贯成教授、郭杰副教授、蓝菁副教授、吴未副教授、夏敏副教授、刘琼副教授、张颖副教授。特别感谢唐焱教授，在论文写作中，我多次请教唐老师有关建设用地价格方面的问题，每次唐老师都不厌其烦地为我答疑解惑，提出建议。

博士学位论文的完成，还要感谢学院其他老师的培养，他们是欧名豪教授、吴群教授、陈利根教授、石晓平教授、马贤磊教授、刘友兆教授、陈哲老师等。另外，在南京农业大学学习期间，还聆听了经管学院多位老师的精彩课程，所学知识对我完成博士论文帮助很大。他们是钟甫宁教授、朱晶教授、徐志刚教授、周宏教授、林光华教授、李祥妹教授、易福金教授、孙顶强副教授。

博士学位论文的完成，还要感谢合肥工业大学的李静副教授，尽管我与李老师未曾谋面，但多次通过 QQ、E-mail 等请教论文中涉及的模型问题，每次李老师都热心回答我的问题。

四年的南京农业大学求学之路，同窗之情令人难忘。正是有了他们的陪伴，博士生活才能丰富多彩。感谢同门的师兄弟姐妹对我学业以及生活的帮助，他们是汪险生、钟国辉、罗志文、胡平峰、杜启霞、柳青、刘晓静、刘海生、沈冰清、王明生、王志凤、李敏、王阳欣、骆晓曦等。感谢同班同学的帮助与交流，他们是王岩、邵子南、张耀宇、李宁、王博、李成瑞、文博、王敏、孟霖、吕沛璐、丁琳琳。感谢其他博士好友的帮助与陪伴，他们是武小龙、周来友、帖明、肖泽干、邹金浪、汪洋、盛业旭、张志林、范树平、欧胜彬等。

感谢我的父母，这些年来对我的养育与培养！父亲一直默默地教导我；母亲的和蔼与慈祥，深深感化于心。感谢我的妻子张伟伟女士在我求学期间对我的包容与支持。感谢我的岳父、岳母，他们对待女婿如同儿子一般，对我没有任何埋怨，一直鼓励我、支持我。感谢我的哥哥、嫂子对我的关心与经济上的帮助。

路漫漫其修远兮，吾将上下而求索！

聂雷

2019 年 3 月